ANGÈLE FERREUX-MAEGHT

Fotos ÉMILIE GUELPA

BON APPETIT!

Moderne Küche mit französischem Charme

Aus dem Französischen von
Christine Frauendorf-Mössel

JAN THORBECKE VERLAG

VORWORT

Nie haben wir so ausgiebig zu Hause gekocht und gebacken wie in den vergangenen Monaten.

Warm eingepackt in unseren vier Wänden, wie in einem Kokon, haben wir uns auch für den Herd erwärmen können.

Mit diesem Buch möchte ich Euch meine Idee von einer Küche für jeden Tag vermitteln. Ich möchte Euch die Gerichte nahebringen, die ich liebe, die ich täglich für meine Lieben zuhause zubereite, die einfach, gesund, schnell und unkompliziert sind und dennoch mehr sind als ihr reiner Nährwert! Eine Küche für die Seele, das Herz und die Freude am Essen!

Ich will dabei in unseren altbekannten Töpfen das wiederfinden, was wir so sehr vermissen mussten: den Geschmack der Gerichte aus unseren Lieblings-Restaurants.

Für mich heißt kochen mit und für meine Lieben, kleine Glücksmomente zu schaffen, die zu Erinnerungen werden, die am Ende zusammen unser Leben ausmachen. Darum bemühe ich mich immer, jeden Moment rund um das Essen zu etwas Besonderem zu machen.

Eine kleine Kerze anzuzünden, Musik auszuwählen, die ich mag, ein Strauß frischer Blumen, ein Zitronen- oder Orangenzweig auf dem Tisch, selbst wenn ich allein bin ... Diese Momente sind kostbar, das Leben ist so schön! Also schalten wir den Fernsehapparat aus, legen wir unsere Smartphones beiseite und genießen wir diese einfachen Mahlzeiten, die guten Gespräche mit lieben Menschen und all die damit verbundenen magischen Momente!

Angèle Ferreux-Maeght

Für Aimie, Zoé, Daphné, Pauline und Marie, meine Freundinnen, meine Schwestern im Geiste, mit denen eine gemeinsame Mahlzeit so viel mehr ist als nur Essen

INHALT

EINLEITUNG *9*

MORGENS *12*

MITTAGS *38*

ABENDS *66*

ESSEN MIT FREUNDEN *114*

SÜSSE MOMENTE *152*

MENÜ-VORSCHLÄGE *182*

EINLEITUNG

EIN PAAR WORTE ZUR KÜCHE FÜR JEDEN TAG ...

Dieses Buch soll für euch wie ein guter Freund werden, auf den ihr euch immer verlassen könnt. Darum habe ich Freundinnen und Freunde gefragt, was sie sich unter Gerichten für jeden Tag vorstellen..

„Weißt du, ... für mich ist alles möglich, solange frische Kräuter im Kühlschrank sind!"

Benjamin Sixou – Autor, Komponist und Sänger

———

„Eine Küche für jeden Tag muss einfach, abwechslungsreich und reichhaltig sein."

Jeanne Damas – Designerin

———

„Für die Alltagsküche setze ich auf Reste und kreative Kombinationen. Pasta, die übrig bleibt, bereits geschnittene Tomaten, Rucola und eine Dose Linsen! Und los geht's!"

Lucille Woodward – Sportcoach

———

„Die Alltagsküche muss schnell und gut sein! Zufriedenheit und kein Stress!"

Laurence Guillon – Floristin (meine Cousine)

———

„Meine Ernährung besteht zu 90% aus Käse. Die restlichen 10% bestreitet mein geliebter Partner, der glücklicherweise ein ausgezeichneter Koch ist!"

Chloé Royer – Bildende Künstlerin

———

„Die Alltagsküche, die ich mag, ist die Landküche der Provence ... Zu Hause in Vence gab es für jeden Tag ein spezielles Gericht: Gemüseauflauf, Eintopf, Schmorfleisch, Hackfleisch mit Püree, Kabeljau mit Aioli ... "

Adrien Maeght – mein Großvater

———

„Mehr denn je steht unsere Gesundheit an erster Stelle. Eine gesunde Ernährung gehört dazu. Mit Angèle habe ich gelernt, dass eine gesunde Küche nicht nur therapeutisch, sondern auch ein echter Genuss sein kann!"

Débora Bloch – brasilianische Künstlerin

———

„Genuss, Schlemmerei, ein Geschenk!"

Hermine Assany Kisata – Chef-Konditorin bei *La Guinguette D'Angèle*

———

„Meine Alltagsküche ist wie eine Reihe von kleinen Küsschen für alle, die ich liebe. In ihr steckt viel Zärtlichkeit!"

Flavie Flament – Radio- und Fernsehmoderatorin, Autorin

———

„Für mich muss die Alltagsküche schnell zuzubereiten sein, ausgewogen und gut für die Seele. Natürlich schaffe ich das nie."

Ètienne Carbonnier – Kolumnist, Journalist

———

„Das ist Mama, das ist Papa! Nein, nicht Papa, das sind Zucchini und Pupsbohnen!"

Madame Moppelchen – meine Tochter

———

„Meine Alltags-Küche ist einfach, besteht aber immer aus den allerbesten Zutaten. Ich schließe keine Zutaten aus, unter der Bedingung, dass diese von guten Erzeugern oder Züchtern stammen. Lieber lasse ich eine Mahlzeit aus als Sch… zu essen!"

Frédérique Veysset – Photograph und Autor

———

„Wärme und Liebe!"

Daphné Tsamis – Designberaterin

———

„Begegnungen!"

Rebecca Royer – Anwältin

„Alltagsgerichte müssen für mich einfach, gesund und farbenfroh sein! Ich ernähre mich vegan, glutenfrei und verzichte auf Industriezucker. Soweit möglich, versuche ich, mein Gemüse im Bioladen zu kaufen, und bereite daraus farbenfrohe Tellergerichte zu! Je mehr Farben auf dem Teller sind, desto glücklicher macht es mich! Und mit Tahini oder Avocados schmeckt mir eigentlich alles."

SOKO – Musikerin, Sängerin, Schauspielerin

———

„Zusammensein!"

Marie Forbin – Umwelt-Juristin

„Tägliches Kochen, tägliche Mahlzeiten, können auch eine Gelegenheit sein, Danke zu sagen. Ob Gott, Mutter Erde, einem Faun oder einem Kobold, egal …. wir sollten nur nicht vergessen, auch denen zu danken, die diese Mahlzeit möglich gemacht haben."

Xavier Mathias – Biologischer Gemüsegärtner, Dozent für Permakultur

———

„Freude!"

Pauline Vincent – Kuratorin

MORGENS

ZAUBERHAFTE KLEINE CRÊPES

Diese duftigen Crêpes sind im Handumdrehen zubereitet. Prall gefüllt mit Mineralstoffen ersparen sie uns hastige Zwischenmahlzeiten. Aber Vorsicht! Backt sie am besten immer im Miniformat ... sonst seid ihr vielleicht enttäuscht, weil sie auseinanderfallen.

FÜR 4 PERSONEN

Zubereitung: 5 Minuten
Backzeit: 15 Minuten
Jahreszeit: Herbst/Winter

- 2 Bananen
- 4 Eier
- 1 Schuss Olivenöl

Die Bananen mit den Eiern in einem Mixer bei mittlerer Einstellung schaumig aufschlagen.

Einen Schuss Olivenöl bei kleiner Hitze in eine Pfanne geben. Die Pfanne anschließend mit einem Küchenpapier auswischen und mit einem Esslöffel vorsichtig kleine Teigkreise eingießen.

Die Küchlein sollen langsam backen, bitte nichts überhasten! Die kleinen Pfannkuchen erscheinen anfangs etwas dick, aber das wird!

Sind die Crêpes einigermaßen fest, wenden. Den Vorgang mit dem restlichen Teig wiederholen. Die Küchlein mit ausgelassener Butter servieren oder mit Zucker und Zitrone, mit *Erdbeermarmelade* (eventuell hausgemacht, *Rezept: Seite 34*) oder wie ihr wollt.

PORRIDGE-REZEPTE

Zum Frühstück, als Zwischenmahlzeit oder sogar als salziger Imbiss, Haferbrei ist in sämtlichen Varianten praktisch und einfach zuzubereiten. Lasst eurer Kreativität freien Lauf! Als herzhafter Imbiss mit Käse und gegrilltem Gemüse, als klassischer Porridge, roh als *Overnight-Oats*, als Frühstück mit Budwig-Creme (Quark mit Öl)…

FÜR 4 PERSONEN

Zubereitung: 5 Minuten
Jahreszeit: rund ums Jahr

- 4 Tassen Haferflocken (oder Reis, Buchweizen, Quinoa)
- 6 Tassen Milch oder eine vegane Milchalternative

Die Milch oder die vegane Milch (Mandel, Kürbiskern, Haselnuss) in einem Kochtopf mit den Haferflocken vermischen. Die Mischung auf kleiner Flamme einige Minuten unter kräftigem Rühren quellen lassen und heiß servieren.

TIPP

Dieses Rezept könnt ihr mit Früchten der Saison endlos variieren: zum Beispiel mit einigen Beeren, die man mit einem EL Vollrohrzucker 5 Minuten lang in einem Topf anbrät. Einfach über das Porridge geben!
Ihr könnt nach Geschmack Süßungsmittel an das Porridge geben (Vollrohrzucker, Rapadura Vollrohrzucker, Muscovado, Ahornsirup, Honig…).

IDEEN FÜR ANDERE ZUTATEN

- Porridge aus Haferflocken, Mandelmilch (gekauft oder hausgemacht, *Rezept: Seite 16*) und einem EL Rosenwasser;
- Porridge aus Reisflocken, Reismilch (gekauft oder hausgemacht, *Rezept: Seite 16*) und 2 EL Rote-Bete-Saft;
- Porridge aus Buchweizenflocken, veganer Milchalternative nach Wahl oder normaler Milch mit angerösteten Kirschen.

GRANOLA — DAS UNENTBEHRLICHE KNUSPERMÜSLI

Also, was Granola angeht ..., Freunde, ich liebe dieses Müsli! Ihr könnt Getreide, Flocken und Süßmittel ruhig variieren, je nach dem, was ihr in eurer Küche findet. Dieses köstliche Knuspermüsli mit seinen gesunden Inhaltsstoffen ist die perfekte Ergänzung für Kompotte, Joghurts, vegane Milchgetränke, Früchte, Eiscremes und sogar Gemüsesalate!

FÜR EIN GLAS GRANOLA

Zubereitung: 10 Minuten
Backzeit: 25 bis 30 Minuten
Jahreszeit: rund ums Jahr

- 280 g Körnermischung nach Wahl (Sesam, Mandeln, Sonnenblumenkerne, Kürbiskerne, Haselnüsse...)
- 150 g Haferflocken, glutenfrei (oder Buchweizen-, Reis-, Quinoa-Flocken)
- 130 ml Ahornsirup
- 60 ml Olivenöl
- 2 große Messerspitzen Fleur de Sel (Meersalzflocken)

Den Backofen auf 160 °C vorheizen. Sämtliche Zutaten in einer Schüssel mischen. Ein Backblech mit Backpapier auslegen und die fertige Mischung darauf verteilen. Je nach Geschmack mit Ahornsirup und Salz würzen.

Die Mischung im Ofen backen, bis sie nach ungefähr 15 Minuten zu bräunen beginnt. Gut durchmischen und weitere 10 bis 15 Minuten backen. Dabei immer wieder durchmischen, damit das Knuspermüsli eine gleichmäßige Färbung annimmt.

Das Backblech aus dem Ofen nehmen. Abkühlen lassen und anschließend in einem luftdicht verschlossenen Gefäß aufbewahren.

TIPP
Zum Frühstück eine pflanzliche Alternative zu Joghurt oder Quark in eine Schüssel füllen, Granola und Früchte der Saison darüberstreuen und genießen!

DER SMOOTHIE NACH DEN SOMMERFERIEN

Dieses ungesüßte Getränk steckt voller wertvoller Inhaltstoffe. Es sorgt langsam und genussvoll getrunken oder gelöffelt für die Vitaminzufuhr des Tages!

FÜR 2 GLÄSER

Zubereitung: 5 Minuten
ahreszeit: September

- 1 Zucchini
- 6 Birnen
- 15 reife Feigen

Sämtliche Zutaten waschen, Zucchini und Birnen schälen. Das Kerngehäuse der Birnen entfernen.

Feigen, Zucchini und Birnen in einen Mixer geben und bei maximaler Drehzahl zu dem gewünschten Smoothie pürieren. Die Mischung auf 2 gleich große Gläser verteilen.

TIPP
Wenn ihr den Smoothie nicht sofort trinken wollt, könnt ihr den Saft einer halben Zitrone hinzugeben, damit der Smoothie nicht braun wird.

MATCHA LATTE

Dieses Getränk ist für mich genauso ein Seelenschmeichler wie eine Tasse heiße Schokolade. Die pistaziengrüne Farbe, der feine Schaum, der die Lippen befeuchtet, das cremige, volle Aroma, der leicht bittere Geschmack des Matcha …

FÜR 2 TASSEN

Zubereitung: 5 Minuten
Jahreszeit: rund ums Jahr

- 500 ml Reismilch mit Vanillearoma (gekauft oder hausgemacht, *Rezept: Seite 32*)
- ½ Teelöffel grüner Matcha-Tee

Die Reismilch erhitzen und das Matcha-Pulver einrühren. Reismilch hat eine natürliche Süße, so dass ihr keinen Zucker braucht.

Für einen feinen Schaum auf der Matcha Latte die Mischung gründlich aufschlagen. In zwei hübsche Tassen gießen und mit einer Prise Matcha dekorieren.

POWERFRÜHSTÜCK MIT KIWIS

Angeregt durch den berühmten Obstsalat *Miam-ô-Fruit* von France Guillain empfehlen wir dieses moderne, frisch zubereitete und gesunde Verwöhn-Frühstück.

FÜR 4 PERSONEN

Zubereitung: 5 Minuten
Jahreszeit: Winter

- 4 reife, gelbe Kiwis
- 4 grüne Kiwis
- 4 Bananen
- 100 g Hanfsamen

Kiwis und Bananen schälen. Alle Zutaten in einen Mixer geben und bei maximaler Drehzahl 2 Minuten zu einer samtigen, glatten Emulsion verarbeiten. Auf tiefe Teller verteilen und genießen.

TIPP

Wenn ihr den Smoothie nicht sofort trinken wollt, könnt ihr den Saft einer halben Zitrone hinzugeben, damit der Smoothie nicht braun wird.

3 ARTEN, EIER ZUZUBEREITEN

MIMOSA-EIER

FÜR 4 PERSONEN

Vorbereitung: 15 Minuten
Kochzeit: 10 Minuten
Jahreszeit: Rund ums Jahr

- 4 Eier
- 1 Schälchen Mayonnaise oder vegane Mayonnaise (*Rezept: Seite 60*)
- 2–3 Kräuterzweige (Estragon, Basilikum, Petersilie, Koriander …)
- optional: Salz, Pfeffer

Die Eier 10 Minuten in sprudelndem Wasser kochen. Anschließend kalt abschrecken, um den Garvorgang zu stoppen.

Die Kräuter klein hacken und in die Mayonnaise mischen.

Die Eier schälen, der Länge nach halbieren und das Eigelb herauslösen. Eigelb in einer Schüssel mit einer Gabel zerdrücken. Die Hälfte davon unter die Mayonnaise mischen. Den Rest vorhalten.

Die Eiweißhälften auf einen Teller legen und mit der Mayonnaise-Mischung befüllen. Das restliche, zerdrückte Eigelb darüber streuen, mit Salz und Pfeffer abschmecken und servieren.

OMELETT

FÜR 4 PERSONEN

Vorbereitung: 15 Minuten
Kochzeit: 10 Minuten
Jahreszeit: Rund ums Jahr

- 6 frische Eier von freilaufenden Hühnern
- 1 Prise Muskat
- Salz, Pfeffer
- 3 weiße Perlzwiebeln oder saisonale Kräuter nach Geschmack und Jahreszeit (Kerbel, Petersilie, Schnittlauch, Basilikum …)
- 2 EL Olivenöl

Die Eier in eine Schüssel aufschlagen, mit Salz, Pfeffer und Muskat mit dem Schneebesen verquirlen. Die Perlzwiebeln waschen, in Ringe schneiden oder die Kräuter klein hacken.

Das Olivenöl in einer beschichteten Pfanne erhitzen, die Eimasse hineingeben und 2 bis 3 Minuten rühren, während sie zu stocken beginnt. Zwiebeln oder Kräuter darüberstreuen und insgesamt 7 Minuten auf schwachem Feuer ruhen lassen, bis die Eimasse gestockt ist. Ihr könnt das Omelette dann noch wenden, wenn es fester werden soll. Warm genießen.

POCHIERTE EIER AUF SPINAT

FÜR 4 PERSONEN

Vorbereitung: 15 Minuten
Kochzeit: 3 bis 4 Minuten
Jahreszeit: Rund ums Jahr

- 3 EL Weißweinessig
- 4 Eier
- 4 Handvoll junge Spinatblätter
- 1 Schuss Olivenöl (oder wahlweise Nuss-, Sesam- oder Kürbiskernöl)
- optional: Salz, Pfeffer

1 Liter Wasser mit dem Weißweinessig zum Kochen bringen. Die Eier einzeln in je eine Tasse aufschlagen und beiseitestellen. Sobald das Wasser kocht, das Wasser mit einem Schneebesen kreisförmig und kräftig umrühren, so dass ein Strudel entsteht. Ein Ei nach dem anderen hineingleiten lassen. Der Strudel bewirkt, dass das Eiweiß das Eigelb umhüllt.

3 bis 4 Minuten im weiterhin sprudelnden Wasser pochieren. Mit einem Schaumlöffel die Eier einzeln aus dem Kochtopf nehmen und 3 bis 4 Sekunden in eine Schüssel mit Eiswasser geben, um den Garvorgang zu unterbrechen. Auf einem Geschirrtuch abtropfen lassen.

Auf hübsche Teller je eine Handvoll junge Spinatblätter verteilen und je einen Schuss Olivenöl darüber geben. Auf jeden Teller mit Spinat ein pochiertes Ei platzieren, salzen und pfeffern. Zum Frühstück servieren.

TIPP
Für eine knusprige und köstliche Beilage könnt ihr Brot vom Vortag nehmen und mit etwas Olivenöl und Kräutern der Provence im Ofen anrösten.

BROT AUS DEM TOPF

Der lange Text täuscht! Dieses Rezept ist sehr einfach und gelingt immer. Ich habe es von meiner Freundin Margot übernommen, die es während des Lockdowns verfeinert hatte. Wenn ihr schneller fertig sein wollt, kauft ihr den Sauerteig frisch beim Bäcker.

FÜR 1 BROTLAIB VON 500 G

Vorbereitung: 15 Minuten
Ruhezeit: 3 Stunden + 1 Nacht
Backzeit: 45 Minuten
Jahreszeit: rund ums Jahr

- 200 g Natursauerteig-Starter mit Wasserkefir, selbst angesetzt
- 350 g Weizenmehl T 550
- 100 g Steinmühlenmehl T 110 oder T 1200
- 50 g Roggenmehl
- 400 ml Wasser
- 1 Teelöffel grobes Salz

TIPP
Haltet eure Hände kurz unter fließendem Wasser, bevor ihr den Teig bearbeitet. So bleibt er nicht an den Fingern kleben.

Nach der Aktivierung des Sauerteigs (das heißt, wenn er 150 g Mehl und 150 g Wasserkefir bekommen hat und 2 Stunden ruhen muss, *siehe gegenüberliegende Seite*) die beiden Mehlsorten mit dem Wasser in einer großen Rührschüssel mischen und ebenfalls 2 Stunden ruhen lassen.

Den Sauerteig-Starter und das grobe Salz zur Mischung hinzufügen. Mit den Händen alles 10 Minuten lang kräftig durchkneten und den Teig geviertelt zusammenfalten, mit einem sauberen Geschirrtuch abdecken und 30 Minuten bei Zimmertemperatur gehen lassen. Den Teig erneut geviertelt falten und anschließend 1 Stunde ruhen lassen. Erneut geviertelt falten, 1 Stunde gehen lassen und diesen Vorgang so lange wiederholen, bis der Teig 4½ bis 5 Stunden geruht hat. In dieser Zeit vergrößert der Teig sein Volumen und seine Triebkraft. Danach ein letztes Mal durchkneten, zu einer Kugel formen, in eine runde Salatschüssel legen und mit einem bemehlten Küchentuch einwickeln. Für 1 Nacht in den Kühlschrank stellen.

Am darauffolgenden Morgen einen Topf mit Deckel aus Gusseisen oder hitzebeständigem Glas in den Backofen stellen und auf 260 °C aufheizen. Die Backform muss gleich mit vorgeheizt werden. Den Teig aus dem Kühlschrank holen und aus der Schüssel auf ein mit Backpapier ausgelegtes Blech geben. Nach Belieben kreuzförmig einschneiden. Ist der Backofen auf 260 °C aufgeheizt, die Backform herausnehmen und den Teigling hineinlegen. Die Backform schließen und für 30 Minuten in den Ofen schieben. Als nächstes den Deckel entfernen und das Brot 15 Minuten bei 230 °C weiterbacken. Das Brot aus dem Ofen nehmen und auf einem Gitter auskühlen lassen. Fertig!

Dieses Brot hält sich 5 Tage lang sehr gut – genau richtig, um es die ganze Woche zum Frühstück zu genießen!

KEFIR-SAUERTEIG

FÜR 420 G

Zubereitung: 5 Minuten
Ruhezeit: 3 Tage

- 210 g Steinmühlenmehl T110 (oder alte Weizenmehlsorten wie Kamut, Roggen, Gerste, Dinkel ...)
- 210 g Wasserkefir* mit Früchten (oder gekaufter Wasserkefir oder Mineralwasser)

60 g Mehl und 60 g Wasserkefir mit Früchten (oder Mineralwasser) in einer Glasschüssel mischen. Das Gefäß nur leicht verschließen, damit Luft eindringen kann. 24 Stunden bei Zimmertemperatur ruhen lassen. Dabei entstehen Bläschen im Teiginneren. Wenn sich der Sauerteig etwas aufbläht, gut durchmischen und das Gefäß wieder verschließen. 2 Tage bei Zimmertemperatur stehen lassen.

Jetzt könnt ihr den Sauerteig füttern, indem ihr 150 g Mehl und 150 g Wasserkefir hinzugebt. Weitere 2 Stunden ruhen lassen. Danach ist der Sauerteig bereit für die Verarbeitung. Wenn ihr ihn nicht sofort nutzen wollt, hebt ihr ihn in einem kleinen Gefäß im Kühlschrank auf. In der Folge muss der Starter wöchentlich gefüttert werden, um ihn am Leben zu erhalten: dazu jeweils 30 g Mehl und 30 g Wasserkefir hinzugeben, gut unterrühren und kühl lagern.

* Bei Wasserkefir handelt es sich um in Zuckerwasser aufgelöste durchsichtige Geleekügelchen, die Wasserkefir-Kulturen oder Kefirkristalle, auch „Japankristalle" genannt, die im Kühlschrank vorgehalten werden können..
Meist lässt man eine saure Frucht und eine Trockenfrucht im Wasser mitziehen.

LEICHTER RÜHRKUCHEN MIT NATURSAUERTEIG

Dieser Eischwerkuchen ist eine gesunde Idee für einen hausgemachten Kuchen mit wenig Zucker. Wenn ihr keinen Sauerteig habt, gelingt er ebenso gut und lecker.

FÜR 1 RÜHRKUCHEN

Zubereitung: 10 Minuten
Backzeit: 40 Minuten
Jahreszeit: rund ums Jahr

- 4 Eier
- 140 g Vollrohrzucker (Rapadura)
- 100 g Natursauerteig (*Rezept: Seite 29*, oder vom Bäcker eures Vertrauens)
- oder 7 g Backpulver
- 160 g Mehl (oder eine glutenfreie Mehlmischung)
- 130 g mild gesalzene Butter
- Orangenpulver oder eine hausgemachte Chai-Gewürzmischung (*Rezept: Seite 148*), optional

Den Backofen auf 170 °C vorheizen. Die Eier in eine Schüssel aufschlagen, den Vollrohrzucker hinzugeben und beides mit dem Schneebesen verschlagen, bis die Masse weiß und cremig wird. Anschließend den Sauerteig einrühren. Das Mehl und (wenn nötig) das Backpulver hinzufügen und erneut gut verrühren.

Die Butter schmelzen, in die Mischung einarbeiten und, wenn gewünscht, auch das Orangenpulver dazugeben.

Den Kuchenteig in eine gefettete Kastenform gießen. 40 Minuten im Ofen backen. Nach den 40 Minuten die Stäbchenprobe machen, um zu testen, ob der Kuchen durchgebacken ist.

Der Kuchen schmeckt pur zum Frühstück oder, für Schleckermäuler, mit einem Teelöffel hausgemachter Konfitüre (*Rezept: Seite 34*).

TIPP

Orangenpulver kann man selbst im Dörrapparat herstellen, um dem Kuchen ein dezentes Aroma zu geben. Stattdessen kann man auch Orangenabrieb oder einen halben Teelöffel Quatre-Épices-Gewürz hinzufügen. Dieser Kuchen hält sich bei Zimmertemperatur eine Woche.

SCHNELLE VEGANE GETRÄNKE

Diese Getränke haben die Milchgetränke in meinem Kühlschrank ganz allmählich ersetzt, manchmal füge ich auch Gewürze, Süßungsmittel oder andere Aromen hinzu. Wenn ihr für ein Dessert, Béchamelsaucen oder Gratins eine sahnige Creme braucht, nehmt einfach halb so viel Wasser.

Zubereitung: 5 Minuten
Jahreszeit: rund ums Jahr

FÜR 1 L MANDELMILCH
- 3 EL Mandelmus
- 1 l Wasser
- 4 Medjool-Datteln
- 1 Prise Fleur de Sel (Meersalzflocken)

FÜR 1 L KÜRBISKERN-DRINK
- 200 g grüne Kürbiskerne
- 1 l Wasser
- 2 EL Ahornsirup

FÜR 1 L REISGETRÄNK
- 120 g Reis (Camargue-Reis oder anderer)
- 1 l Wasser
- 1 Vanilleschote

Wenn ihr Mandel- oder Nussmus verwendet, einfach sämtliche Zutaten vermischen. Anderenfalls die Kerne oder das Getreide der Wahl eine Nacht in Wasser einweichen und das Wasser am folgenden Morgen abgießen. Die Kerne in einen Mixer geben, mit 1 Liter Wasser auffüllen und die restlichen Zutaten (Vanillemark, Fleur de Sel, Ahornsirup oder Datteln usw.) hinzufügen und bei maximaler Drehzahl mixen, bis eine glatte, cremige Mischung entstanden ist.

Die Flüssigkeit anschließend durch einen Pflanzenmilchfilter oder ein sauberes feines Tuch gießen. Die Masse mit den Händen kräftig ausdrücken, um ein Maximum an Flüssigkeit auszupressen. Die vegane Flüssigkeit hält sich gekühlt 4 Tage. Vor dem Trinken umrühren.

TIPP
Die Masse, die im Filter zurückbleibt, heißt Trester. Sie lässt sich in der Küche noch vielseitig verwenden: zum Beispiel bei der Herstellung von Kuchen, Keksen, Crumbles, Pesto ... Ihr könnt damit 1/3 des Mehls ersetzen.
Dieses Rezept funktioniert auch mit anderen Zutaten wie Hafer, Haselnuss, Walnuss, Quinoa.

KONFITÜREN UND KOMPOTTE

Ich koche jede Woche eine leckere Konfitüre oder ein Kompott, ich serviere sie mit etwas Granola, backe damit einen Crumble, mische sie mit Wasser zu einem schnellen Fruchtgetränk, koche sie mit Brühe zu einer Sauce auf ... Kurz gesagt, ich bin ein *heavy user* ...

Gedämpftes Kompott

FÜR 4 PERSONEN

Vorbereitung: 10 Minuten
Kochzeit: 15 Minuten
Jahreszeit: saisonal anpassungsfähig

- 3 Karotten
- 3 Bananen
- 3 Äpfel
- Saft 1 Orange

Karotten, Bananen und Äpfel schälen und in kleine Stücke schneiden. Die Früchte in einen Dämpfaufsatz über einem Topf mit kochendem Wasser geben und 15 Minuten dämpfen. Etwas abkühlen lassen. Die Orange auspressen.

Sämtliche Zutaten mischen. Die Saftmenge kann je nach der gewünschten Konsistenz variieren.

Das Kompott, wenn möglich, in ein steriles Gefäß (*siehe Seite 34*) füllen, dieses sofort verschließen. Erkalten lassen. Es hält sich gekühlt 2 Wochen.

TIPP

Ihr könnt das Rezept mit den Früchten variieren, die gerade Saison haben: zum Beispiel im Winter mit Äpfeln, gelben Kiwis, Bananen und Vanille.

Obst-Kompott

FÜR 4 PERSONEN

Vorbereitung: 10 Minuten
Kochzeit: 15 Minuten
Jahreszeit: Sommer

- 1 kg Früchte der Saison (Aprikosen, Mirabellen, Pfirsiche, Erdbeeren ...)
- 1 Vanilleschote

Die Früchte putzen und in kleine Stücke schneiden. In einen Kochtopf geben und auf niedrigem Feuer 15 Minuten im eigenen Saft köcheln, bis sie weich sind. Wenn nötig etwas Wasser nachfüllen. Nicht pürieren, es soll schön stückig bleiben. In hübschen Gläschen kalt stellen.

Konfitüre: *das* Grundrezept

FÜR 4 PERSONEN

- 1 kg Früchte
- 400 g brauner Rohrzucker (oder eine Mischung aus Vollrohrzucker, Rapadura- Zucker, Muscovado-Zucker ...)
- Fürs Aroma: Vanille, Rosenwasser, Orangenblütenwasser, Zitronenverbene, Zimt, Holunderblüte...

Die Früchte in einen kleinen Kessel füllen und bei mittlerer Hitze den Zucker und das Gewürz fürs Aroma hinzufügen. Möglicherweise ist noch ein Schuss Wasser nötig. Anschließend unter ständigem Rühren köcheln lassen, bis eine leicht karamellisierte, dickliche Fruchtmasse entsteht. Das Fruchtmus kann auch püriert werden.

Erdbeermarmelade mit Rosenwasser

Vorbereitung: 10 Minuten
Kochzeit: 45 Minuten
Jahreszeit: Sommer

- 1 kg Erdbeeren
- 400 g brauner Rohrzucker (oder eine Mischung aus Rohrzucker und den Sorten Rapadura oder Muscovado)
- 3 EL Rosenwasser (oder Orangenblütenwasser oder Zitronenverbenen-Hydrolat)

Die Erdbeeren waschen und entstielen. Anschließend nach dem Grundrezept verarbeiten. Die Fruchtmasse auf eine dickliche Konsistenz reduzieren. Hin und wieder den Schaum abschöpfen. Nach dem Ende der Kochzeit, je nach Geschmack, das Rosenwasser hinzufügen.

Kürbis-Orangen-Vanille-Konfitüre

Vorbereitung: 10 Minuten
Kochzeit: 45 Minuten
Jahreszeit: Herbst/Winter

- 400 g Karotten
- ½ Kürbis
- 6 Orangen (z.B. Blutorangen oder Saftorangen)
- Saft von ½ Zitrone
- 400 g brauner Rohrzucker (oder eine Mischung aus Rohrzucker und den Sorten Rapadura oder Muscovado ...)
- 1 große Vanilleschote

Karotten und Orangen schälen. Das Kürbisfleisch entkernen und auslösen. Alles in kleine Stücke schneiden. Nach dem Grundrezept zubereiten und die längsseits aufgeschnittene Vanilleschote hinzufügen. Köcheln lassen, bis eine leicht karamellisierte, dickliche Fruchtmasse entsteht.

MITTAGS

FRÜHLINGSROLLEN

Dieses Rezept ist mein Favorit! Für mich ein absoluter Klassiker! Ich habe immer eine Packung Reispapier im Schrank. Die fülle ich mit Hühnchenfleisch-Resten, Erdnüssen und Koriander oder mit Salat, der in seiner Sauce durchgezogen ist. Ähnlich wie bei einem Sandwich kann man eigentlich alles hineintun.

FÜR 4 PERSONEN

Zubereitung: 20 Minuten
Jahreszeit: saisonal anpassungsfähig

- 16 Reisblätter

Sauce
- 1 EL Reisessig
- 1 EL Erdnussbutter
- 1 EL Ahornsirup
- 1 EL Sojasauce
- 4 EL normale oder vegane Sahne

Sommer-Variante
- 2 geriebene Karotten
- ½ Salatgurke
- 1 Bund Basilikum

Winter-Variante
- 1 Handvoll Salatblätter der Wahl
- 1 gebratene Süßkartoffel
- 1 Bund Koriander

Das Gemüse zurechtlegen, nachdem es geraspelt, gebraten, geschnitten, geschält ist bzw. die Kräuter zerpflückt sind. Alle flüssigen Zutaten für die Sauce in einem Gefäß mischen.

Lauwarmes Wasser in eine weite Schüssel füllen, die Reisblätter eintauchen und anschließend auf der Arbeitsfläche ausbreiten.

Einen kleinen Teil jedes gewählten Gemüses und der Kräuter auf dem Reisblatt verteilen. Anschließend mit ½ Teelöffel Sauce würzen.

Die Ränder des Reisblatts über der Füllung einschlagen und vorsichtig aufrollen. Dabei die Füllung leicht zusammendrücken. Die übrigen Frühlingsrollen zubereiten und mit der restlichen Sauce genießen.

TIPP
Das rohe Gemüse für die Frühlingsrollen in eine Schale mit Zitronenwasser tauchen, damit es nicht braun wird.

SOMMERGEMÜSE-CRUMBLE

Diese Art der Gemüsezubereitung ist sehr originell und fröhlich. Ihr könnt den Crumble mit einem Löffel Mascarpone mit Knoblauch servieren oder auch mit Ziegenfrischkäse.

FÜR 4 PERSONEN

Vorbereitung: 20 Minuten
Backzeit: 30 bis 40 Minuten
Jahreszeit: Frühling/Sommer

- 2 Zucchini
- 2 Auberginen
- 2 Zwiebeln
- 1 kräftiger Schuss Olivenöl
- 200 g Tomatenpassata oder Tomatenmark (gekauft oder hausgemacht, *Rezept: Seite 110*)
- 80 g Parmesan
- 100 g glutenfreie Mehlmischung
- 80 g Butter

Den Backofen auf 180 °C vorheizen. Die Zucchini und die Auberginen waschen und in dünne Scheiben schneiden. Die Zwiebeln schälen und klein hacken.

Die Auberginen-Scheiben in einer Pfanne mit Olivenöl auf großer Flamme scharf anbraten.

Auf den Boden einer ofenfesten Form eine dicken Schicht Tomatenpassata oder Tomatenmark streichen und die Auberginenscheiben darauf verteilen. Mit einer zweiten Schicht Tomatenpassata oder -mark bedecken und mit einer Schicht Zucchini abschließen. Nach Geschmack salzen und pfeffern.

Den Parmesan reiben, die Butter klein würfeln und beides in einer Rührschüssel mit dem Mehl vermischen. Alles mit den Händen zu einem Streuselteig verarbeiten.

Die Streusel über das Gemüse geben und alles für 30 bis 40 Minuten in den Ofen schieben, bis das Gemüse weich und der Crumble goldbraun gebacken ist. Warm oder kalt mit einem Baby-Leaf-Salatmix servieren.

TIPP
Für Herbst und Winter könnt ihr dieses Gericht mit verschiedenen Kürbissen abwandeln.

CAKE MIT GETROCKNETEN TOMATEN UND PINIENKERNEN

In diesen Cake dürft ihr alles hineintun, was ihr wollt. Je mehr verschiedene Zutaten wie Gemüse, Kräuter, Nüsse und Käse, desto besser gelingt er.

FÜR 4 PERSONEN

Vorbereitung: 20 Minuten
Backzeit: 40 bis 50 Minuten
Jahreszeit: Frühling/Sommer

- 4 Eier
- 250 g glutenfreie Mehlmischung
- 100 ml Pflanzenmilch
- 3 EL Olivenöl
- 1 Glas getrocknete Tomaten (ca. 250 g, 200+50)
- 100 g Feta (50+50)
- 1 Handvoll Pinienkerne (wahlweise auch Sonnenblumen- oder Kürbiskerne …)

Den Backofen auf 180 °C vorheizen. Die Eier in einer Rührschüssel aufschlagen und das Mehl einrühren. Die Pflanzenmilch dazugeben, erneut mischen und das Olivenöl eingießen. 200 g der getrockneten Tomaten mit 50 g zerbröselten Feta einarbeiten. Den Rest des Käses und der Tomaten vorhalten.

Eine Kastenform mit Backpapier auskleiden und den Teig einfüllen. Den restlichen Feta, die übrigen getrockneten Tomaten und als Letztes die Pinienkerne (oder andere Nüsse oder Kerne) darüberstreuen.

Für 40 bis 50 Minuten, je nach Art des Backofens, backen. Stäbchenprobe machen, um festzustellen, ob der Kuchen durchgebacken ist.

Der Cake schmeckt warm, ihr könnt ihn aber auch kalt für die Mittagspause im Büro mitnehmen.

TIPPS

Damit der Kuchen intensiver schmeckt und luftiger wird, 1 EL Natursauerteig (Rezept: Seite 29) oder ein Tütchen Backpulver hinzugeben. Für kleine Cakes im asiatischen Stil die getrockneten Tomaten und den Feta ersetzen durch 3 EL Miso-Paste, Shiso-Blätter (Perilla) und gewürfelten Räuchertofu.

FALAFELN

Hier eine gesunde Version (im Ofen gebacken und nicht frittiert!) dieser kleinen, köstlichen Bällchen aus dem Mittleren Osten. In einem Sandwich, einem Salat oder allein auf dem Teller sind sie immer ein Highlight!

FÜR UNGEFÄHR 15 FALAFELN (FÜR 3 BIS 4 PERSONEN)

Vorbereitung: 15 Minuten
Backzeit: 15 Minuten
Jahreszeit: rund ums Jahr

- 1 Zwiebel
- 2 Knoblauchzehen
- 1 Bund Kräuter (Koriander, Petersilie, Pfefferminze ...)
- 600 g gekochte Kichererbsen (auch aus der Dose)
- 2 EL Mehl (Mais-, Reis- ...)
- 1 Schuss Olivenöl
- 1 Teelöffel Kurkuma
- 4 EL Soja-Dessert (Joghurt, Sojagurt, natur)
- 2 EL Tahini-Sesammus
- 2 EL Tamari (oder andere Sojasauce)

Den Backofen auf 180 °C vorheizen. Zwiebel und Knoblauchzehen schälen und wie die Kräuter klein hacken. Alles zusammen mit den Kichererbsen, dem Mehl, dem Olivenöl und Kurkuma in eine Schüssel geben und mit einem Kartoffelstampfer oder einem anderen Gerät zu einer groben Paste zerdrücken. Nach Geschmack salzen und pfeffern.

Mit den Händen daraus Bällchen von der Größe eines Golfballs formen. (Das geht leichter mit nassen oder mit bemehlten Händen). Die Bällchen auf ein mit Backpapier ausgelegtes Backblech setzen und für 15 Minuten in den Ofen schieben.

Währenddessen die Sauce vorbereiten: das Soja-Dessert mit Tahini-Sesammus und Tamarisauce mischen. Die Falafeln warm oder kalt zusammen mit der cremigen Sauce genießen.

MINI-CHIRASHI MIT HÜHNCHEN

Ich bin ein großer Fan der japanischen Kultur, besonders der Küche. In meinem Vorratsschrank habe ich alle möglichen Gewürze, die ich aus Japan mitgebracht habe (oder aus der Rue de Saint-Anne, dem japanischen Viertel von Paris). Ich verbinde oft die Techniken, Saucen, Pulver und Nudeln aus Japan mit französischen Produkten. Die Idee dabei ist es, die Aromen japanischer Restaurants auf französische Speisen zu übertragen.

FÜR 4 PERSONEN

Vorbereitung: 10 bis 20 Minuten
Kochzeit: 20 bis 25 Minuten
Jahreszeit: rund ums Jahr

- 5 EL Ahornsirup
- 2 EL Sriracha-Sauce (scharfe Würzsauce) oder ½ Teelöffel Piment-Pulver
- 3 EL Tamari (oder einfache Sojasauce)
- 4 Hühnerbrüste
- 800 g Vollkorn-Rundkornreis (Klebreis), gekocht
- einige Sesamkörner

Den Ahornsirup mit der Sriracha- und Tamari-Sauce in einem Schälchen mischen. Diese Mischung auf die rohen Hühnerbrüste geben und sie in einer ofenfesten Form 20 bis 25 Minuten bei 180 °C im Backofen oder in einer Pfanne auf dem Herd auf kleiner Flamme braten, bis die Sauce karamellisiert.

Den gekochten Rundkornreis auf hübsche Schälchen verteilen, das karamellisierte Hühnerfleisch darüber geben und mit etwas Sesamsamen bestreuen. Kalt oder warm servieren.

TIPP
Wenn euch die Sauce zu süß ist, kurz vor dem Servieren 2 EL Zitronensaft, Ume-Su (Umeboshi-Essig) oder Reisessig hinzufügen. Das Gericht hält sich gekühlt bis zu 5 Tage lang.

SCHNELLE BRÜHE

FÜR 4 PERSONEN

Vorbereitung: 5 Minuten
Kochzeit: 30 Minuten
Jahreszeit: rund ums Jahr

- 12 Garnelen, roh und geschält oder gekocht
- 1 kleines Bund frischer Koriander
- 4 EL Tamari (oder Sojasauce, oder Dashi-Brühe)
- 1 kleine Handvoll Reis-Suppennudeln (optional)
- 1 Zitrone

Die Garnelen auf vier Schälchen verteilen.

In jedes Schälchen einen Korianderzweig legen und 1 EL Tamari (oder Dashi-Brühe) angießen und die Nudeln (falls bei der Hand) dazugeben. Das kochende Wasser darüber gießen.
Wer mag, kann einige Tropfen Zitronensaft in die Brühe geben. Diese Bouillon heiß genießen.

BRUSCHETTA

Dies gehört zu den ersten Gerichten, die ich gelernt habe. Als kleines Mädchen habe ich Knoblauch auf altbackenes Brot gerieben, anschließend die überreifen Tomaten aus dem Garten meines Großvaters darauf zerdrückt. An einer Bruschetta zu knabbern, ist für euch vielleicht nichts Besonderes … aber für mich tut sich da eine Welt auf!

Herbst/Winter

FÜR 2 PERSONEN

Zubereitung: 15 Minuten

- 4 Scheiben Landbrot (gekauft oder hausgebacken, *Rezept: Seite 28*)
- ¼ Kürbis (ausgelöstes, entkerntes Fruchtfleisch)
- 1 Schuss Olivenöl
- 1 kleine Handvoll Haselnüsse (vorzugsweise aus dem Piemont)
- 125 g Ziegenfrischkäse (-Taler oder -Rolle)
- 3 frische Thymianzweige

Die Brotscheiben im Ofen oder im Toaster rösten.

Den Backofen auf 180 °C vorheizen. Das Kürbisfleisch in Würfel schneiden und mit einem Schuss Olivenöl für 25 Minuten im Ofen backen. Die Nüsse hacken, den Ziegenkäse zerbröseln.

In einer Schüssel das geröstete Kürbisfleisch und den Ziegenkäse mit etwas Thymian und Nüssen mischen. Auf die Brotscheiben häufeln.

Mit noch mehr gehackten Haselnüssen und frischen Thymianblättchen garnieren. Mit etwas Olivenöl beträufeln und genießen.

Sommer

FÜR 2 PERSONEN

Zubereitung: 15 Minuten

- 4 Scheiben Brot
- 4 große Tomaten (Schwarze von der Krim, Gelbe Cocktailtomaten, Ochsenherz …)
- 1 Knoblauchzehe
- 1 Schuss Olivenöl
- Basilikum (optional)

Die Brotscheiben im Backofen oder im Toaster rösten.

Die Tomaten waschen und 1 bis 3 Minuten in einen Topf mit sprudelnd heißem Wasser legen. Herausnehmen, abtropfen lassen, mit kaltem Wasser abspülen, die Haut abziehen, das Fruchtfleisch in einem Gefäß zu einer groben Paste zerdrücken.

Die Tomaten auf den Brotscheiben verteilen und den Knoblauch darüber reiben. Etwas Olivenöl darauf träufeln und mit Basilikum (so vorhanden) bestreuen. Je nach Geschmack salzen und pfeffern! Guten Appetit!

LUNCH IM GLAS FÜR DIE MITTAGSPAUSE

Mit diesem Rezept möchte ich euch vor allem die Idee weitergeben, eine ganze Mahlzeit in einem Glas zusammenzustellen. Da ich viel unterwegs bin, nutze ich oft diese ökologische, ästhetische (macht es bunt!) und zudem noch praktische Methode.

FÜR 1 PERSON

Vorbereitung: 15 Minuten
Kochzeit: 30 Minuten
Jahreszeit: rund ums Jahr, nach Jahreszeiten zu variieren

- 100 g Vollkorn-Rundkornreis
- 1 Süßkartoffel
- 1 knappe Handvoll junge Spinatblätter oder Rucola
- 45 g Feta
- 1 kleine Menge Ahornsirup
- 1 Teelöffel Paprikapulver (oder anderes Gewürz)
- ¼ Kopf Rotkohl
- 1 EL Zitronensaft
- 1 Teelöffel blonde Sesamkörner
- Olivenöl
- Fleur de Sel (Meersalzflocken) und Pfeffer

Den Reis in einem kleinen Topf in sprudelndem Wasser kochen. Wenn er gar ist, unter kaltem Wasser abspülen. 1 EL Olivenöl untermischen und mit Salz und Pfeffer abschmecken. Beiseitestellen.

Den Ofen auf 180 °C vorheizen. Die Süßkartoffel waschen und schälen. In grobe Würfel schneiden und in eine ofenfeste Form geben. Etwas Olivenöl, den Ahornsirup, Paprikapulver, Salz und Pfeffer dazugeben. Gut mischen, so dass die Süßkartoffelstücke gut mit Sauce überzogen sind. Für 30 Minuten im Ofen backen, dabei beobachten und gelegentlich umrühren.

Den Rotkohl waschen und in feine Streifen schneiden. In einer kleinen Schüssel in Zitronensaft marinieren. Vorhalten.

Anschließend den Feta klein würfeln und die blonden Sesamkörner untermischen.

Die Reisbasis auf dem Boden eines ½-Liter-Glases oder in einer Lunchbox verteilen. Das ofengebackene Gemüse, den Rotkohlsalat, Feta und den jungen Spinat in sichtbar getrennten, hübschen Lagen darüberschichten.
Für eine knusprige Deckschicht, Kerne oder Nüsse (Sesam, Kürbiskerne, Erdnüsse ...) darüber streuen.

Vor dem Verzehr mit meiner Sweety-Sauce würzen (*Rezept: Seite 60*).

TIPP
Dieses Rezept kann je nach Jahreszeit und dem verfügbaren Gemüse der Saison abgewandelt werden.

SCHNELLER CHICORÉESALAT

Die Schönheit der Chicoréeblätter ist bei diesem Rezept schon die halbe Miete. Stellt dafür normalen Chicorée mit rotblättrigem (Endigia) und Radicchio zusammen.

FÜR 4 PERSONEN

Vorbereitung: 5 Minuten
Jahreszeit: Winter

- 4 bis 5 Chicorée-Knospen
- 2 EL Sesamöl
- Abrieb von 1 Orange

Chicorée waschen und vorbereiten. Dazu den Wurzelansatz abschneiden und den Strunk keilförmig und großzügig herausschneiden. Die Chicorée-Knospe der Länge nach in schmale Streifen schneiden. In eine Salatschüssel geben.

Mit Sesamöl beträufeln und den Orangenabrieb darüberstreuen. Als Beilage zu einem Abendessen servieren oder als leichtes und köstliches Mittagessen genießen.

TIPP
Ihr könnt noch grob gehackte Haselnüsse in den Salat geben.

CREMIGER GURKENSALAT

Der Schein trügt! – Dieser Salat besticht vielleicht nicht auf den ersten Blick, aber glaubt mir, er schmeckt köstlich! Gebt ihm eine Chance! Ich bin verrückt danach!

FÜR 4 PERSONEN

Vorbereitung: 10 Minuten
Jahreszeit: Sommer

- 3 Salatgurken
- 1 kleine Schüssel süße Vinaigrette (*Rezept: Seite 60*)
- 1 EL Tahini-Sesammus
- einige Sesamkörner
- Salz, Pfeffer

Die Gurken waschen und in große Würfel schneiden. Die süße Vinaigrette zubereiten und einen EL Tahini dazugeben. Über die Gurkenstücke geben und die Sesamkerne darüberstreuen. Nach Geschmack salzen und pfeffern.

GANZ SCHÖN GRÜNER SALAT

Ich kenne schon seit Jahren das Fasten, die Monodiäten und die Saftkuren. Dank Kundalini-Yoga (während des Lockdowns entdeckt dank meiner Freundin Lili Barbery Coulon) wurde ich an die Grüne Diät herangeführt. Drei Tage lang ausschließlich grüne Lebensmittel (also chlorophyllreiche Lebensmittel) zu essen tut einfach unglaublich gut! Ich hoffe, dieser kleine monochrome Salat bringt euch auf den Geschmack!

FÜR 4 PERSONEN

Vorbereitung: 5 Minuten
Kochzeit: 10 Minuten
Jahreszeit: Frühjahr/Sommer

- 400 g gekochten Vollkornrundkornreis oder gekochte Mungbohnen (grüne Soja)
- 1 Handvoll rohe Gartenbohnen
- 200 g rohe Erbsen
- 1 kräftige Handvoll Babyspinat
- Vinaigrette aus Limetten (Rezept: Seite 60)

Den gekochten Reis je nach Geschmack salzen und pfeffern. Die frischen Erbsen und die Gartenbohnen waschen und 10 Minuten in kochendem Wasser blanchieren. Abtropfen lassen und unter eiskaltem Wasser abschrecken, um den Garprozess zu unterbrechen.

Den Reis auf tiefe Teller verteilen oder in eine große Salatschüssel geben. Die Gartenbohnen, die jungen Erbsen und den gewaschenen Babyspinat darüberlegen. Mit der Vinaigrette aus Limetten servieren.

TIPP
Wenn ihr Grün liebt, probiert mal eine Sauce aus dem Saft von Limetten, grünem Apfel und einem kleinen Teelöffel Matcha-Pulver.

PICKLES

Die milchsaure Fermentation erhöht den Nährwert jedes Lebensmittels, da hierbei Zucker in Milchsäure abgebaut wird und Vitamine für den Körper besser verfügbar gemacht werden. Die Mikroorganismen, die zur Konservierung beitragen, sind schon von Natur aus in den Lebensmitteln enthalten. Daher braucht man unbedingt frische und biologische Lebensmittel. Um als Anfänger gleich bei der ersten milchsauren Fermentation Erfolg zu haben, nehmt Zitronen, Kohl oder Wurzelgemüse wie Karotten, Pastinaken oder Rote Bete ... Aber Vorsicht! Nicht alle Gemüse kann man milchsauer fermentieren, Kartoffeln zum Beispiel nicht. Diese Ausnahmen gären durch Alkohol.

- 1 Teil Zucker
- 2 Teile Essig
- 3 Teile Wasser
- 1 kräftige Prise unraffiniertes Salz
- Gemüse oder Obst (Weintrauben, Karotten, Kirschen, Gurken, Zwiebeln, Fenchel, Rotkohl ...)
- Kräuter, Lorbeerblätter, Piment ....

Den Pickle-Sud aus Wasser, Essig, Zucker und Salz aufkochen. Währenddessen die gewünschten Gemüse oder Früchte vorbereiten, nach Geschmack in grobe oder feine Stücke schneiden oder mit dem Gemüsehobel hobeln und mit den Kräutern und Gewürzen und einer Zitrusfrucht in ein Einweckglas geben. Alles mit dem

kochenden Sud bedecken und das Glas verschließen (oder für noch längere Haltbarkeit danach noch sterilisieren). Nach dem Öffnen des Glases kühl aufbewahren. Geöffnete Pickles halten sich auf diese Weise bis zu 2 Monate.

Pickles passen in alle möglichen Salate. Gut gekühlt und luftdicht verschlossen halten sie sich 6 bis 12 Monate.

Vorschläge zur Kombination:
- Pickles aus Karotten mit Orange und Rosmarin
- Pickles aus roten Zwiebeln mit rosa Pfeffer und Thymian
- Pickles aus grünen Trauben
- Pickles mit Gurke, Dill, Koriander oder Senfkörnern
- Pickles aus Kirschtomaten.

TIPP
Um Herauszufinden, wie viel Gemüse gebraucht wird, die Gläser vorher probeweise füllen.

SALAT- UND GRILLSAUCEN

Orangen-Vinaigrette

FÜR 250 ML
Zubereitung: 2 Minuten
Jahreszeit: Rund ums Jahr

- 150 ml Sesamöl (oder andere Öle)
- Saft und Abrieb von 1 Bio-Orange
- 2 EL Tamari (oder eine andere Sojasauce)

Sämtliche Zutaten in einer Schale oder einem Dressing-Shaker mischen. Fertig.

Sauce „Sweety"

FÜR 250 ML
Zubereitung: 2 Minuten
Jahreszeit: rund ums Jahr

- 5 EL Soja-Jogurt
- 2 Teelöffel Ahornsirup
- 2 Teelöffel Tamari (oder eine andere Sojasauce)

Alle Zutaten in einem Gefäß mischen. Fertig!

Ingwer-Limetten-Vinaigrette

FÜR 200 ML
Zubereitung: 2 Minuten
Jahreszeit: rund ums Jahr

- 150 ml Olivenöl
- Saft und Abrieb von 1 Bio-Limette
- 1 Messerspitze geriebener Ingwer

Alle Zutaten in einem Gefäß oder einem Dressing-Shaker mixen. Fertig!

TIPP
Die Salatsaucen lassen sich im Kühlschrank eine Woche aufbewahren.

Vegane Tofu-Mayonnaise

FÜR 250 G
Zubereitung: 5 Minuten
Jahreszeit: rund ums Jahr

- 200 g Seidentofu
- 30 g Senf
- 1 EL Zitronensaft
- 1 klein gehackte Knoblauchzehe
- 3 EL Olivenöl
- 2 Prisen Gewürze (Kurkuma, Curry, Kräuter ...)
- Salz, Pfeffer

Sämtliche Zutaten gut mischen, zum Schluss mit Salz und Pfeffer abschmecken! Gut gekühlt aufbewahren.

TIPP

Für ein intensiveres Aroma frische Gewürzkräuter hinzufügen (Schnittlauch, Petersilie, Estragon ...) oder auch 1 TL Miso-Paste! Wenn ihr normalen statt Seidentofu nehmt, braucht ihr etwas mehr Zitronensaft und Olivenöl.

Gesunde Grillsauce

FÜR 500 ML
Vorbereitung: 5 Minuten
Kochzeit: 20 Minuten
Jahreszeit: rund ums Jahr

- 1 Zwiebel
- 2 Knoblauchzehen
- 2 EL Olivenöl
- 300 ml konzentrierte Tomatenpassata (gekauft als Tomatenmark oder hausgemacht, *Rezept: Seite 110*)
- 30 g Rohrzucker
- 100 ml Apfelessig
- 50 ml Balsamico-Essig
- ½ Teelöffel Pimentpulver
- 1 EL Maisstärke
- 1 Prise geräuchertes Paprikapulver
- 3 EL Ahornsirup

Zwiebel und Knoblauch schälen und fein hacken. In einem Topf mit Olivenöl leicht andünsten. Die Tomatenpassata oder das Tomatenmark, den Rohrzucker, die Essigsorten, den Piment, die Maisstärke und das geräucherte Paprikapulver hinzugeben. Aufkochen und ca. 20 Minuten bei geschlossenem Deckel köcheln lassen, bis die Sauce die gewünschte Konsistenz erreicht hat. Den Ahornsirup angießen und je nach Geschmack salzen und pfeffern. Auf höchster Stufe pürieren. Fertig!

ABENDS

GERÖSTETE SÜSSKARTOFFELN, CREMIGE SAUCE UND FRISCHE KRÄUTER

Ofengebackenes Gemüse ist ja immer schnell zubereitet, aber die Süßkartoffel schlägt alles! Eines Abends bin ich spät nach Hause gehetzt, hatte eine lange To-Do-Liste abzuarbeiten und kippte – wortwörtlich - die Süßkartoffeln einfach ganz und ungeschält in den Backofen, vergaß sie, erledigte was zu tun war: Badezimmer, Pyjamas für die Kinder etc. ...
Und wie ein Wunder, zur Abendessenszeit ... waren die Süßkartoffeln fertig! Einen Schuss gutes, kaltgepresstes Öl drüber, ein paar Körner, und das wars!!!

FÜR 4 PERSONEN

Vorbereitung: 10 Minuten
Backzeit: 1 Stunde
Jahreszeit: Herbst/Winter

- 2 bis 4 große, gewaschene Süßkartoffeln
- 1 Schuss Olivenöl
- 6 EL Soja-Dessert, natur (oder Jogurt)
- 1 Bund Schnittlauch (oder ein anderes Küchenkraut)
- Salz, Pfeffer

Den Backofen auf 180 °C vorheizen. Die Süßkartoffeln im Ganzen auf ein mit Backpapier ausgelegtes Backblech legen. Mit Olivenöl beträufeln, salzen und pfeffern. Mindestens für 1 Stunde im Ofen backen, bis sie gut durch sind. Damit die Schale nicht zu schwarz wird, bis zur Hälfte der Garzeit mit Alufolie abdecken.

Währenddessen das Soja-Dessert mit dem klein geschnittenen Küchenkraut eurer Wahl in einer kleinen Schüssel mischen.

Die Süßkartoffeln halbieren. Auf einer Platte anrichten und mit der cremigen Sauce servieren. Heiß mit einem Baby-Leaf-Salatmix und zum Beispiel mit einem Schuss Sesamöl genießen.

ABENDS

BLUMENKOHLCREME MIT GERÖSTETEN DATTELN UND MANDELN

Blumenkohl gehört zu meinen Lieblings-Gemüsen. Ob fein gerieben, als Mehl (für eine Pizza, köstlich!), gedämpft, als Kroketten mit Chimichurri-Sauce, roh … oder wie hier in einer Cremesuppe …. ich empfehle dieses Rezept, um hartnäckige Blumenkohl-Gegner zu überzeugen.

FÜR 4 PERSONEN

Vorbereitung: 5 Minuten
Kochzeit: 45 Minuten
Jahreszeit: Winter

- 1 schöner Blumenkohl
- 2 Knoblauchzehen
- 1 Zwiebel
- 2 Schalotten
- Olivenöl
- 500 ml Gemüsebrühe
- 1 Handvoll Datteln
- 1 Handvoll Mandeln
- 150 ml Mandelmilch (oder Sahne)

Den Blumenkohl waschen und in Röschen zerteilen. Den Knoblauch, die Zwiebel und die Schalotten schälen und klein schneiden.

Alles zusammen in einem größeren Topf in Olivenöl gut 12 Minuten andünsten und anschließend die Gemüsebrühe angießen. 30 Minuten leicht köcheln lassen. Ist das Gemüse gar, vom Feuer nehmen.

Während die Suppe köchelt, die Datteln entkernen und der Länge nach in Streifen schneiden. Die Mandeln und Datteln in einer Pfanne 5 Minuten in Olivenöl rösten.

Den Inhalt des größeren Topfs zusammen mit der Mandelmilch fein pürieren. Wenn eine samtige, cremige Konsistenz erreicht ist, auf hübsche Teller füllen. Mit den gerösteten Mandeln und Datteln garnieren. Heiß servieren!

TIPP
Während des Pürierens 1 EL Miso-Paste dazugeben. Ergibt ein köstliches Umami-Aroma!

POMMES-PARTY

Ofengemüse ist stets der beste Tipp für eine köstliche Mahlzeit und praktisch in der Zubereitung. Ich gebe oft alle Gemüse im Ganzen oder lediglich halbiert in den Ofen, aber wenn das Gemüse in Schnitze nach Art von Pommes frites geschnitten ist, lassen sich vielleicht auch Fastfood-Fans begeistern – oder täuschen …

FÜR 4 PERSONEN

Vorbereitung: 10 Minuten
Backzeit: 30 Minuten
Jahreszeit: Herbst/Winter

- 1 kg (ungefähr) Gemüse nach Wahl: Süßkartoffeln, Kartoffeln, Rote Bete, Pastinaken
- 5 EL Olivenöl
- 1 Küchenkraut wie Rosmarin, Salbei, Thymian
- 4 EL Jogurt (auch vegan)
- Fleur de Sel (Meersalzflocken) und frisch gemahlener Pfeffer

Den Backofen auf 180 °C vorheizen. Das Gemüse gründlich waschen und schälen. Anschließend in Stäbchen oder Schnitze nach Art von Pommes frites schneiden.

Das vorbereitete Gemüse auf einem mit Backpapier ausgekleidetes Backblech auslegen und anschließend 3 EL Olivenöl darüber geben. Gut durchmischen, damit sich das Olivenöl gleichmäßig verteilt. Die gewählten Kräuter darüber geben, salzen und pfeffern.

Das Gemüse 30 Minuten im Ofen backen und nach der halben Garzeit erneut gut durchmischen, damit es von allen Seiten eine schöne, gleichmäßige Farbe annimmt.

Währenddessen in einer kleinen Schüssel 2 EL Olivenöl mit dem Jogurt, 1 Prise Salz und frisch gemahlenem Pfeffer mischen.

Das Gemüse aus dem Ofen nehmen und nach Geschmack mit 1 Prise Fleur de Sel nachwürzen. Heiß zusammen mit der cremigen Sauce genießen.

TIPP
Darauf achten, dass das Gemüse rundum leicht karamellisiert.

VEGETARISCHES PILZ-STROGANOFF

Als mich der Restaurantkritiker Francois-Régis Gaudry um ein gutes Pilzrezept bat, kam mir die Idee zu diesem Gericht, das einem das Wasser im Mund zusammenlaufen lässt.

FÜR 4 PERSONEN

Vorbereitung: 10 Minuten
Kochzeit: 25 Minuten
Jahreszeit: Herbst/Winter

- 250 g Basmati-Reis
- 1 große, rote Zwiebel oder 4 Schalotten
- 2 Knoblauchzehen
- 2 Schuss Olivenöl (1+1)
- 200 g Pilze (Steinpilze, Pfifferlinge, Totentrompeten ...)
- 250 ml Bier oder 250 ml Weißwein
- 250 g Crème fraîche oder eine vegane Creme (auf Hafer-, Mandel- oder Dinkel-Basis)
- 1 Bio-Zitrone (Abrieb und Saft)

optional
- 1 EL Senf oder Miso-Paste
- 1 Kräuterstrauß (Thymian, Lorbeer, Petersilie)
- 1 Gemüsebrühwürfel

Den Reis kochen und beiseitestellen.

Die Zwiebel und den Knoblauch schälen und in dünne Scheiben schneiden. Die Pilze säubern, die Stiele kappen und alles in Scheiben schneiden.

Die Zwiebeln und den Knoblauch in reichlich Olivenöl in einer großen Pfanne bei starker Hitze anbraten. Die Pilze dazugeben. Zu diesem Zeitpunkt liegen sie noch recht trocken in der Pfanne. Es lohnt sich jedoch zu warten, bis sie von selbst etwas Wasser ziehen. Dann den zweiten EL Olivenöl angießen, damit die Sauce sämig wird. Jetzt das Bier oder den Weißwein, den Kräuterstrauß und den Gemüsebrühwürfel (wenn gewünscht), den Senf (oder die Miso-Paste) und die Crème fraîche eurer Wahl hinzufügen. Gut 12 Minuten leise köcheln lassen und schließlich Zitronenabrieb und -saft einrühren.

Zusammen mit dem Reis heiß servieren.

TIPP

Für dieses Gericht gibt es zahlreiche Varianten. So kann man Tomatenmark, Gemüsebrühe, Paprika, Cognac und unterschiedliche Gemüsesorten der Saison hinzufügen.

LINSEN-BOLOGNESE

Diese Bolognese kann man auch auf Nudeln, in Lasagne oder anderen Aufläufen verwenden. Die Linsen bloß nicht zu lange kochen!

FÜR 3–4 PERSONEN

Vorbereitung: 10 Minuten
Kochzeit: 30 Minuten
Jahreszeit: rund ums Jahr

- 100 g grüne Linsen
- 2 Knoblauchzehen
- 1 mittelgroße Zwiebel
- 2 Karotten
- 2 Lorbeerblätter
- 1 Teelöffel Thymian
- 2 kräftige Schuss Olivenöl
- 800 g Tomatenpassata (gekauft oder hausgemacht, *Rezept: Seite 110*)
- Salz, Pfeffer

Die Linsen in sprudelndem Wasser kochen, abgießen und beiseitestellen.

Das Gemüse vorbereiten. Knoblauch und Zwiebel schälen und fein hacken, Karotten putzen und würfeln.

Alles zusammen mit den Lorbeerblättern und dem Thymian in Olivenöl andünsten. Die gekochten Linsen und die Tomatenpassata hinzufügen. Bei geschlossenem Deckel 30 Minuten köcheln lassen. Nach Geschmack salzen und pfeffern.

Zusammen mit Quinoa, Reis oder einem anderen Getreide, das ihr gerade im Schrank habt, servieren.

TIPP

Die Linsen über Nacht einweichen, denn dann sind sie bekömmlicher, leichter verdaulich und schneller gar.

VIETNAMESISCHE PHÔ-SUPPE

Diese Brühe bzw. Suppe bereite ich besonders gern zu. Ich serviere sie kalt oder warm mit eiweißreichen Zutaten, die ich gerade im Haus habe: Garnelen, Hühnchen, Tofu, Pilzen …

FÜR 4 PERSONEN

Vorbereitung: 20 Minuten
Kochzeit: 50 Minuten
Jahreszeit: Rund ums Jahr

- 3 l hausgemachte Gemüsebrühe (oder 3 l Wasser mit 4 Gemüsebrühwürfeln)
- 4 Karotten
- 3 weiße Rübchen
- 1 Süßkartoffel
- 3 Stangen Lauch
- 300 g Pilze (Shiitake, Austernpilze, Steinpilze, Champignons …)
- 3 Limetten
- 350 g Tofu (oder Fleisch Ihrer Wahl, optional)
- Gewürzkräuter wie Basilikum, Koriander, Petersilie, Schnittlauch, Perlzwiebeln, Kerbel (optional)

Gewürzmischung (mindestens 2 aus dieser Liste):
- 2 Zimtstangen
- 4 Kardamomkapseln
- 30 g frischer Ingwer
- 3 Sternaniskapseln

3 Liter Wasser mit den Gemüsebrühwürfeln zum Kochen bringen. Dann die Gewürzmischung hinzufügen. Ungefähr 20 Minuten köcheln lassen. Zum Schluss abseihen, um die Gewürze zu entfernen.

Das Gemüse waschen, schälen und in grobe Stücke schneiden. Tofu oder Fleisch in Scheiben schneiden. In die gefilterte Brühe geben und 30 Minuten auf mittlerem Feuer köcheln lassen.

Den Suppentopf auf den Esstisch und die Limetten und die Gewürzkräuter in Schälchen dazustellen, so dass sich jeder nach Geschmack bedienen kann.

TIPP
Dieses Rezept ist je nach Jahreszeit variabel. Nehmt ein gutes Kilo der verfügbaren Gemüsesorten wie Karotten, Lauch, Pilze, Rübchen, Kartoffeln, Sellerie, Kohl und Kürbisse jeder Art…

QUICHE MIT SPINAT, GERÖSTETEM KÜRBIS UND PARMESAN

Darf es auch mal eine Quiche sein, meine Damen und Herren? Einfach zuzubereiten und erfolgversprechend …

FÜR 4 PERSONEN

Vorbereitung: 25 Minuten
Backzeit: 30 bis 40 Minuten
Jahreszeit: Herbst/Winter

Für den Teig
- 200 g Butter
- 8 EL Milch oder Pflanzendrink
- 200 g Mehl (oder eine glutenfreie Mehlmischung)
- ¼ Hokkaido Kürbis
- 1 rote Zwiebel
- 4 Eier
- 300 ml Mandelsahne (oder Sahne)
- 1 Handvoll gewaschene Spinatblätter
- 20 g geriebener Parmesan
- Salz, Pfeffer

Den Backofen auf 180 °C vorheizen.

Für den Teig: In einem Topf die Butter in der Milch oder der Pflanzenmilch auf kleinem Feuer schmelzen. Vom Feuer nehmen, das Mehl oder die glutenfreie Mehlmischung darüber sieben. Zu einer Teigkugel verarbeiten und diese kühl stellen.

Den Kürbis waschen, entkernen und in dünne Scheiben schneiden. Die rote Zwiebel schälen und ebenfalls in Scheiben schneiden. Die Eier in einer Rührschüssel aufschlagen. Schaumig schlagen und die Mandelsahne dazugeben. Mit Salz und Pfeffer abschmecken.

Den Teig aus dem Kühlschrank nehmen und zwischen zwei Lagen Backpapier ausrollen. Der Teigkreis sollte größer sein als die Tarteform. Den Teig mit seiner Backpapierunterlage in die Form legen und mit einer Gabel anstechen. Den Spinat und den Kürbis darauf verteilen und schließlich die Eier-Sahne-Mischung darüber gießen. Mit Zwiebelringen garnieren und mit dem geriebenen Parmesan bestreuen. Den überstehenden Rand über die Quiche einschlagen. 30 bis 40 Minuten bei 180 °C backen.

Heiß oder kalt mit einem frischen Salat servieren.

TIPP
Dieses Gericht lässt sich ganz einfach an die Jahreszeit anpassen: im Sommer zum Beispiel mit Gemüse wie Tomaten, Zucchini, Erbsen, Mangold … Je nach Eurem Geschmack und Euren Vorräten.

TARTE TATIN MIT ROTEN ZWIEBELN

FÜR 4 PERSONEN

Vorbereitung: 25 Minuten
Backzeit: 45 Minuten

- 6 bis 8 rote Zwiebeln, je nach Größe
- 2 EL Balsamico-Essig
- 2 EL Vollrohrzucker
- 225 g Mehl (oder eine glutenfreie Mehlmischung)
- 150 g Butter (weich)
- 60 g Parmesan
- Pfeffer aus der Mühle

Die Zwiebeln schälen und für ein schönes Schnittbild horizontal halbieren. Die Zwiebelhälften mit der Schnittfläche nach unten mit dem Balsamico-Essig und dem Zucker in eine große Pfanne legen und karamellisieren.

In der Zwischenzeit den Teig zubereiten. Dafür die Butter mit dem Mehl und dem Parmesan sowie etwas frisch gemahlenem Pfeffer verkneten. Eine Kugel formen. Diese auf der Arbeitsfläche ausrollen. Der Teigkreis sollte nicht zu dünn sein und in eine Form von 30 cm Durchmesser passen.

Die Zwiebelhälften mit der Schnittfläche nach unten in die gefettete Tarte-Form geben. Mit dem Parmesan-Teig bedecken (den Teig an den Seiten zwischen Form und Füllung schieben) und mindestens 45 Minuten im Ofen backen. Nach Ende der Backzeit auf eine Kuchenplatte stürzen und warm oder kalt genießen.

GELBER SOMMERSALAT

Ich bin ein Fan des monochromen Kochens: Abgesehen davon, dass einfarbige Gerichte oft ausgesprochen ästhetisch wirken, haben sie je nach Farbe positive Auswirkungen auf unser Wohlbefinden. Hier zum Beispiel ist es die Farbe Gelb, die die Verdauung fördert und toxische Stoffe filtert.

FÜR 4 PERSONEN

Vorbereitung: 15 Minuten
Kochzeit: 30 Minuten
Jahreszeit: Sommer

- 6 gelbe Tomaten
- 2 gekochte Maiskolben
- 1 gute, frische Burrata
- einige frische Basilikumblätter
- Limetten-Ingwer-Vinaigrette
  (*Rezept: Seite 60*)
- Salz, Pfeffer

Die Tomaten waschen und grob vierteln.

Auf einer hübschen Salatplatte anrichten. Die frisch gekochten Maiskörner darüberstreuen. Die Burrata aus der Lake nehmen und in die Mitte setzen. Locker mit fein geschnittenen Basilikumblättern bestreuen.

Die Limetten-Ingwer-Vinaigrette zubereiten und über den Salat geben. Je nach Geschmack salzen und pfeffern.

Schmeckt den ganzen Sommer lang!

TIPP
Ebenso gut könnt ihr den Mais im Ofen mit etwas Olivenöl 20 Minuten bei 200 °C grillen. Abgekühlt über den Salat streuen.

GEMÜSEAUFLAUF

Also darauf können sich immer alle einigen!

FÜR 4 PERSONEN

Vorbereitung: 20 Minuten
Backzeit: 1 Stunde
Jahreszeit: saisonal anpassungsfähig

- 1 kg Kartoffeln
- 50 g Butter (oder ein veganer Ersatz)
- 150 ml Milch (oder eine vegane Alternative)
- 1 Prise Muskatnuss (oder etwas 4-Gewürze-Mischung, *Rezept: Seite 148*)
- 1 große Zwiebel
- 3 Knoblauchzehen
- 2 Karotten
- 1 Broccoli
- 1 EL Olivenöl
- 300 g Tomatenpassata (wenn hausgemacht *Rezept: Seite 110*)
- 4 EL Paniermehl
- Salz, Pfeffer

Kartoffeln schälen, im Dampfkochtopf oder in kochendem Wasser 20 Minuten garen. Durch eine Kartoffelpresse drücken oder durch die flotte Lotte drehen. Die Butter in Stücken und die Milch dazugeben und mit Muskatnuss und Pfeffer würzen.

Den Backofen auf 230 °C vorheizen. Zwiebeln und Knoblauch klein hacken. Die Karotten in Stifte schneiden und den Broccoli in Röschen teilen. Die Zwiebeln mit dem Knoblauch, den Karotten und den Broccoli-Röschen in einer Pfanne oder einem Wok mit dem Olivenöl andünsten. Goldbraun werden lassen und anschließend die Tomatenpassata hinzufügen. Auf schwachem Feuer zugedeckt 20 Minuten leise köcheln lassen. Je nach Geschmack salzen und pfeffern.

Eine Gratinform ausbuttern und die Gemüsemischung einfüllen. Das Kartoffelpüree darüberstreichen, mit einer Gabel mehrfach einstechen und das Paniermehl darüber streuen. 30 Minuten in den Backofen schieben.

Heiß mit einem Baby-Leaf-Salatmix servieren.

TIPP
Statt des Gemüses könnt ihr auch eine Linsen-Bolognese verwenden (Rezept: Seite 74). Das Paniermehl kann man selbst herstellen, indem man getoastetes Brot vom Vortag bei maximaler Drehzahl im Mixer verarbeitet.

FRISCHE ERBSENSUPPE MIT BASILIKUM

Wenn eure Erbsen jung und ganz frisch sind, versucht einmal, sie roh zu verarbeiten. Dazu könnt ihr dann Eiswürfel aus Pesto servieren.

FÜR 4 PERSONEN

Vorbereitung: 10 Minuten
Zubereitung: 10 Minuten
Jahreszeit: Frühling/Sommer

- 1 Zwiebel
- 500 g junge, frische Erbsen
- 1 Bund Basilikum oder andere Gewürzkräuter (Pfefferminze, Koriander, Schnittlauch, Estragon ...)
- 1 EL Olivenöl
- 2 EL Crème fraîche oder eine vegane Alternative
- Salz, Pfeffer

Die Zwiebel schälen und in dünne Scheiben schneiden. Die jungen Erbsen waschen und zugedeckt mit der Zwiebel in 1 Liter kochendem Wasser 10 Minuten lang garen. Mit eiskaltem Wasser abschrecken, um den Garvorgang zu unterbrechen und die Mischung abzukühlen.

Die Kräuter der Wahl, das Olivenöl und eventuell die Crème fraîche hinzufügen, salzen, pfeffern und alles pürieren. Je nach Wunsch warm oder kalt servieren!

TIPP

Mit der Crème fraîche erzielt man eine besonders samtige Konsistenz der Suppe.

BBQ BEANS

Zugegeben: Das englische Frühstück, über das alle die Nase rümpfen, hat es mir von jeher angetan. Zerkochte Bohnen in Sauce – ich bin verrückt danach! Also habe ich dieses Rezept kreiert, um nicht auf die süßliche Industrieware aus der Dose angewiesen zu sein. Und es läuft super!

FÜR 4 PERSONEN

Vorbereitung: 10 Minuten
Kochzeit: 35 Minuten
Jahreszeit: Frühling, Sommer

- 2 rote Zwiebeln
- 4 Knoblauchzehen, klein gehackt
- 3 EL Apfelessig
- 3 EL Ahornsirup
- 1 Schuss Olivenöl
- 400 g Tomatenpassata (Rezept: Seite 110)
- 3 EL Senf
- 300 g rote Kidney-Bohnen, gekocht
- ½ Teelöffel Piment-Pulver
- Salz, Pfeffer

Die Zwiebeln und den Knoblauch schälen und fein hacken.

Beides in einer tiefen Pfanne oder einem Wok mit dem Apfelessig, dem Ahornsirup und dem Olivenöl anrösten. 10 Minuten goldbraun werden lassen. Anschließend die Tomatenpassata und den Senf hinzufügen.

Jetzt die Bohnen dazugeben und alles mit Piment, Salz und Pfeffer abschmecken. Zugedeckt auf kleinem Feuer 25 Minuten köcheln lassen.

Heiß servieren, allein oder mit gekochtem Reis.

TIPPS

Wenn ihr noch mehr Eiweiß haben wollt, gebt noch geräucherten Tofu dazu. Das verstärkt das rauchige Aroma. Dieses Gericht kann auch gut in einer Gratinform vorbereitet und im Ofen gebacken werden.

GLUTENFREIE GRÜNE PIZZA

Beim Pizzateig mag ich die Abwechslung. Unter anderem bereite ich immer einen Teig auf der Basis von geriebenem Blumenkohl und Parmesan zu, aber der hier ist noch einfacher. Wobei sich dieser Teig hier ebenso gut für Indisches Fladenbrot und Brötchen eignet.

FÜR 4 PERSONEN

Ruhezeit: 1 Stunde
Backzeit: 20 bis 30 Minuten
Jahreszeit: Frühjahr/Sommer

Teig
- 125 g Reismehl
- 125 g Mais-, Kartoffel- oder eine andere Stärke
- ½ Teelöffel Fleur de Sel (Meersalzflocken)
- 1 Päckchen frische Backhefe (idealerweise glutenfrei)
- 1 EL Olivenöl

Belag
- 1 Zucchini
- 1 Schalotte
- 1 Handvoll Haselnüsse
- 250 g frischer Ziegenkäse
- 2 EL geriebener Parmesan
- 1 Bund Basilikum
- 100 ml Olivenöl

Für den Teig

Reismehl, Stärke und Salz in einer Rührschüssel mischen. Eine Kuhle in die Mitte drücken. Die Hefe in 150 ml lauwarmem Wasser auflösen. Anschließend die Hefemischung in die Kuhle in der Mitte geben und das Olivenöl angießen. Alles zu einem glatten, elastischen Teig verkneten, mit einem Küchentuch abdecken und bei Zimmertemperatur, wenn möglich, 1 Stunde gehen lassen.

Inzwischen Belag vorbereiten. Den Backofen auf 180 °C vorheizen. Die Zucchini waschen und in kleine Stücke schneiden, die Schalotte schälen und fein hacken. Die Haselnüsse grob hacken.

Den Pizzateig ausrollen, mit dem Ziegenfrischkäse belegen, darauf die Zucchini und die gehackte Schalotte verteilen und die Haselnüsse darübergeben. Alles mit dem Parmesan bestreuen. Für 20 bis 30 Minuten im Ofen backen.

Während der Backzeit das Olivenöl zusammen mit den Basilikumblättern in den Mixer geben. Wenn ihr keinen Mixer habt, kann das Basilikum einfach sehr klein gehackt werden.

Die Pizza aus dem Ofen nehmen, das Basilikum-Öl darüber träufeln und genießen.

VEGANE VARIANTE
Den Ziegenkäse durch 200 g über Nacht in Wasser eingeweichte Nüsse ersetzen, die mit dem Saft von 2 Zitronen, 1 EL Bierhefe und 2 Prisen grobkörnigem, naturbelassenem Meersalz gemixt werden.

HERBSTPIZZA

FÜR 4 PERSONEN

Vorbereitung: 15 Minuten
Ruhezeit: 1 Stunde
Backzeit: 20 bis 30 Minuten
Jahreszeit: Winter

Teig

- 125 g Reismehl
- 125 g Mais-, Kartoffel- oder eine andere Stärke
- ½ Teelöffel Fleur de Sel (Meersalzflocken)
- 1 Päckchen frische Backhefe (idealerweise glutenfrei)
- 1 EL Olivenöl

Belag

- ½ Hokkaido-Kürbis (oder eine andere Kürbissorte)
- 1 Handvoll Walnüsse
- ½ rote Zwiebel
- 200 g Crème Fraîche d'Isigny
- 1 kleines Stück Käse, gerieben (Tomme, Comtè oder Parmesan)

Reismehl und Stärke mit dem Salz in eine tiefe Schüssel geben und gut vermischen. Eine Kuhle in die Mitte drücken und die Hefe in 150 ml lauwarmem Wasser auflösen. Die Hefemischung und das Olivenöl in die Kuhle gießen. Zu einem glatten, elastischen Teig verkneten. Anschließend mit einem Küchentuch abdecken und bei Zimmertemperatur ungefähr 1 Stunde gehen lassen.

Inzwischen den Belag vorbereiten. Den Backofen auf 180 °C vorheizen. Den Kürbis waschen und aufschneiden (Hokkaido muss nicht geschält werden), die Kerne und den Stiel entfernen und das Fruchtfleisch in Spalten schneiden. Die Zwiebel in Ringe schneiden, die Nüsse grob hacken.

Den Pizzateig ausrollen, mit der Crème fraîche bestreichen, mit Kürbisspalten, den Zwiebelringen und den Walnüssen belegen. Für eine schöne Kruste darüber den Käse reiben.

20 bis 30 Minuten in den Backofen schieben.

TIPPS

Dieses Rezept lässt sich je nach vorrätigen Zutaten endlos variieren. Für eine vegane Pizza können Käse und Crème fraîche durch vegane Varianten ersetzt werden.
Oder fragt euren Bäcker, ob er Weißbrotteig vorrätig hat, den ihr belegen könnt!

MUSCHELNUDELN MIT RICOTTA UND SPINAT

Gelegentlich hat meine Familie keine Lust mehr auf meine Gemüsegerichte. In diesem Fall kommen die Conchiglioni ins Spiel!

FÜR 4 PERSONEN

Vorbereitung: 15 Minuten
Kochzeit: 20 bis 30 Minuten
Jahreszeit: Winter

- 100 g junger Spinat (oder Mangold, Grünkohl, Kresse …)
- 350 g Ricotta
- 500 g Muschelnudeln (Conchiglioni)
- 1 EL Olivenöl
- 50 g geriebener Käse (Tome, Comté oder Parmesan)

Den jungen Spinat klein schneiden und unter den Ricotta mengen.

Die Nudeln in einem großen Topf in sprudelndem Salzwasser 10 Minuten kochen.

Den Ofen auf 180 °C vorheizen. Die Nudeln abseihen und in eine Gratinform füllen. Die Ricotta-Spinat-Mischung über die Muschelpasta geben. Olivenöl und Parmesan darübergeben.

20 bis 30 Minuten im Backofen goldbraun gratinieren. Mit frischem Feldsalat servieren.

GERÖSTETER BLUMENKOHL MIT JOGHURT

Dieser Klassiker kommt immer gut an! Mit dem Joghurt und mit den Gewürzen eurer Wahl. Ich mische den Joghurt gelegentlich mit Zatar, Pesto oder Miso. Als ich Roman Meder in seiner Küche im Plaza Athénée in Paris besuchte, servierte er mir seine Version mit Trüffeln und Comté. Spielt einfach herum! Eure Kombination ist bestimmt die beste!

FÜR 4 PERSONEN

Vorbereitung: 5 Minuten
Kochzeit: 1 Stunde
(je nach Größe des Blumenkohls)
Jahreszeit: Winter

- 1 kleiner Blumenkohl
- 11 EL Joghurt (auch vegan)
- 1 Teelöffel Gewürz der Wahl (geriebene Kurkuma, Knoblauch, Piment d'Espelette …)
- Saft von 1 Zitrone
- Granatapfelkerne für etwas Säure (optional)

Den Blumenkohl waschen und von den größeren Blättern befreien. Anschließend mit einem Küchentuch abtupfen und abtrocknen. 5 EL Joghurt mit den Gewürzen mischen und den Blumenkohl gleichmäßig damit einstreichen.

In einen ofenfesten Schmortopf setzen und den Deckel schließen. Alternativ den Kohl auf ein Backpapier setzen und mit Alufolie bedecken, um zu verhindern, dass er verbrennt.

Für 45 Minuten bei 200 °C im Ofen backen. Dann den Deckel für 10 Minuten entfernen, damit der Blumenkohl eine goldbraune Farbe annimmt. Mit einem Messer anstechen, um festzustellen, ob er gar ist. Die exakte Garzeit richtet sich nach der Größe des Blumenkohls.

Den restlichen Joghurt in einer kleinen Schale mit dem Zitronensaft mischen. Den Blumenkohl vierteln und, falls vorhanden, Granatapfelkerne darüberstreuen.

TIPPS

Hier noch einige Serviervorschläge für die Sauce. Das Gericht schmeckt auch allein mit einem Schuss Olivenöl ausgezeichnet.

Cremige Sauce
2 EL Tahini oder ein Nussmus
1 EL Ahornsirup
2 EL Tamari (oder einfache Sojasauce)
2 EL Joghurt (auch vegan)

Süße Sauce:
2 EL Granatapfelmelasse (konzentrierter Saft)
4 EL Olivenöl

MARONEN-CREMESUPPE MIT MISO-PASTE

Das süßliche, pikante Aroma der Esskastanien harmoniert perfekt mit einer Miso-Paste! Miso (als Paste oder Pulver) benutze ich manchmal auch in der Vinaigrette, zusammen mit Esskastanien, Rote Bete und Petersilie. Die Mischung schmeckt einfach köstlich.

FÜR 4 PERSONEN

Vorbereitung: 10 Minuten
Kochzeit: 20 Minuten
Jahreszeit: Herbst/Winter

- 4 Schalotten
- 3 Knoblauchzehen (oder 1 Lauchstange)
- 500 g Maronen, gekocht
- 500 ml Brühe aus den Gemüseschalen der Woche, um die wertvollen Mineralstoffe zu verwerten (optional)
- 1 Bouquet garni (Kräutersträußchen; optional)
- 250 ml Mandelsahne (ohne Zucker) oder Crème fraîche
- 2 EL Miso-Paste
- 2 Schuss Olivenöl
- Salz, Pfeffer
- frische Kräuter

Die Schalotten und den Knoblauch schälen und grob hacken.

Beides in einem Topf mit heißem Olivenöl gut 5 Minuten anrösten. Danach die gekochten Maronen dazugeben. Wenn sie leicht gebräunt sind, einige herausnehmen und zur Garnitur beiseitestellen. Mit der Brühe oder mit 500 ml Wasser ablöschen. Falls gewünscht, das Kräutersträußchen dazugeben. 15 Minuten köcheln lassen.

Das Kräutersträußchen herausnehmen. Den Rest mit der Mandelsahne und der Miso-Paste pürieren. Je nach der gewünschten Konsistenz eventuell mit etwas Wasser verdünnen und nach Geschmack würzen.

Auf hübsche Schälchen verteilen, mit den beiseitegestellten Kastanien, einem Schuss Olivenöl und frischen Kräutern garnieren.

HÜHNERBRUST IN ZITRONEN-ESTRAGONCREME

Dieses Gericht bereite ich gern im Voraus vor. Auf diese Weise verdichten sich Aroma und Konsistenz der Creme langsam. Vorsicht: Dieses Soulfood kann süchtig machen!

FÜR 4 PERSONEN

Vorbereitung: 25 Minuten
Kochzeit: 20 Minuten
Jahreszeit: rund ums Jahr

- 3 bis 4 Hühnerbrüste
- 3 Schalotten
- 1 Knoblauchzehe
- 1 Schuss Olivenöl
- 1 Gemüsebrühwürfel
- 200 ml Sahne (auch vegan)
- 1 Bio-Zitrone (Saft und Abrieb)
- 1 Bund Estragon (oder ein anderes Küchenkraut)
- Salz, Pfeffer

Die Hühnerbrüste in mundgerechte Stücke schneiden. Die Schalotten schälen und klein schneiden. Die Knoblauchzehe schälen und pressen.

Schalotten und Knoblauch 5 Minuten in Olivenöl andünsten. Das Hühnerfleisch hinzugeben, danach etwas Wasser und den Brühwürfel. 10 Minuten köcheln lassen.

Die Sahne angießen und den Zitronensaft und den Abrieb einrühren. Weitere 10 Minuten köcheln lassen. Nach Geschmack salzen und pfeffern.

Vor dem Servieren mit frischen Estragon-Blättern bestreuen. Als Beilage passt zum Beispiel Vollkornreis!

PICIS MIT SALBEIBUTTER

Eines Abends habe ich auf Instagram dieses Rezept geteilt, das ich oft für meine Familie mache. Der Erfolg war so durchschlagend, dass ich es unbedingt hier mit euch teilen muss. Die Nudeln in den Handflächen zu länglichen Rollen formen, und zwar am besten gemeinsam, um Muskelkrämpfe zu vermeiden und zusammen eine gute Zeit zu haben.

FÜR 4 PERSONEN

Vorbereitung: 30 Minuten
Ruhezeit: 20 Minuten
Kochzeit: 3 bis 4 Minuten
Jahreszeit: rund ums Jahr

Teig
- 100 g Reismehl
- 100 g Buchweizenmehl
- 100 g Maismehl
- 100 g Speisestärke nach Wahl
- 1 EL Olivenöl
- 1 Ei
- 1 Prise Salz

Sauce
5 g mild gesalzene Butter
3 EL Olivenöl
1 Handvoll frische Salbeiblätter
50 g geriebener Parmesan

Vegane Variante
200 g Mehl T 650 (oder 550)
200 g Hartweizen-Feingrieß für Nudeln
200 ml Wasser
2 Teelöffel Olivenöl

Reismehl, Buchweizenmehl, Maismehl und die Speisestärke in eine große Schüssel geben und eine Kuhle in die Mitte drücken. Das Olivenöl, Ei und Salz hineingeben und alles zu einem homogenen, leicht klebrigen Teig vermengen. Wenn nötig, noch etwas Wasser einarbeiten. Den Teig 20 Minuten in den Kühlschrank stellen.

Für die vegane Variante: Mehl und Grießmehl in ein Gefäß geben. Eine Kuhle in die Mitte drücken und erst das Wasser, dann das Olivenöl hineingießen. Alles zu einer glatten Teigkugel verkneten. Diese auf der Arbeitsfläche noch weiter kneten, bis der Teig glatt und glänzend ist und nicht mehr an den Fingern kleben bleibt. Kühl stellen.

Die Piccis sind leicht gemacht! Einfach auf einer bemehlten Arbeitsfläche mit den Händen dünne Teigwürstchen formen.

Die Butter mit dem Olivenöl in einem kleinen Topf schmelzen, die Salbeiblätter dazugeben und unterrühren. Auf kleiner Flamme rösten, während die Picis in sprudelndem Wasser al dente garen.

Die hausgemachten Nudeln abseihen und die Salbeibutter darübergießen. Salzen und pfeffern nach Geschmack und vor dem Servieren den Parmesan unterheben.

PASTA, GEGRILLTER FETA UND KIRSCHTOMATEN

Also wieder ein gutes Rezept! Ehrlich gesagt, gehört es zu unseren Favoriten bei meinem Partyservice *La Guinguette*, und es ist, ich sage es nochmal, super einfach nachzukochen. Eure Gäste werden garantiert beeindruckt sein.

FÜR 4 PERSONEN

Vorbereitung: 15 Minuten
Zubereitung: 25 Minuten
Jahreszeit: Frühling/Sommer

- 1 dicke Scheibe Feta (ungefähr 400 g)
- 400 g Kirschtomaten (Taubenherztomaten, Black Cherry ...)
- 1 Schuss Olivenöl
- 500 g Spaghetti
- Salz, Pfeffer

Den Backofen auf 180 °C vorheizen und einen großen Topf mit Wasser zum Kochen bringen. Den Feta in eine ofenfeste Form geben und die Kirschtomaten ringsherum verteilen. Mit Olivenöl beträufeln und für 25 Minuten in den Ofen schieben, bis der Käse leicht gebräunt ist und an den Rändern zu zerfließen beginnt. Währenddessen die Spaghetti nach Packungsanweisung kochen und abseihen. Wenn die Gratinform aus dem Ofen kommt, sofort die Pasta über die Kirschtomaten und den Käse geben und gut durchmischen. Mit Pfeffer abschmecken. Auf hübschen Tellern servieren oder die Gratinform auf den Tisch stellen und genießen.

PASTA ALL'ARRABBIATA

*All'arrabbiata bedeutet wörtlich „wütend" – grrrrr!
Nehmt mehr Chili, wenn ihr die Pasta schärfer mögt!*

FÜR 4 PERSONEN

Zubereitung: 15 Minuten
Jahreszeit: Frühling/Sommer

- 500 g Pasta nach Wahl
- 1 Schuss Olivenöl
- 2 Knoblauchzehen, geschält und klein geschnitten
- 1 kleine Chilischote, klein geschnitten
- 8 frische Basilikumblätter
- 300 g Tomatenpassata (gekauft oder selbstgemacht: *Rezept: Seite 110*)
- Salz, Pfeffer

Die gewählte Pasta nach Packungsanweisung al dente kochen.

In einem Topf etwas Olivenöl erhitzen, den zerkleinerten Knoblauch und die Chili in Stückchen hineingeben und 5 Minuten auf mittlerer Flamme anschwitzen.

Das Basilikum fein schneiden und in die Chili-Mischung einrühren. Das Tomatenpüree angießen und alles zusammen aufkochen. Mit Salz und Pfeffer abschmecken

Die Sauce über die Pasta geben und servieren.

ABENDS

EINMACHEN UND EINKOCHEN VON GEMÜSE

Tomatenchutney

FÜR 2 GLÄSER
Vorbereitung: 10 Minuten
Kochzeit: 25 Minuten
Jahreszeit: Sommer

- 500 g reife Tomaten
- 2 Knoblauchzehen
- 2 Zwiebeln
- 1 Zimtstange
- 1 Prise Salz
- 150 ml Apfelessig
- 1 Teelöffel geriebener Ingwer
- 50 g Vollrohrzucker

Tomaten waschen, vierteln und grob zerdrücken. Knoblauch und Zwiebeln schälen und klein würfeln. In einer leicht geölten Bratpfanne mit hohem Rand Zwiebeln, Knoblauch, Zimt und Salz mit dem Essig anschwitzen. Die Tomaten hinzufügen und unter ständigem Rühren aufkochen. Sobald die Masse kocht, Zucker und Ingwer hinzugeben. Auf mittlerer Flamme 20 Minuten köcheln lassen und rühren, bis die Tomatenmasse eindickt. In Gläser füllen und kühl aufbewahren.

TIPP

Schmeckt köstlich als Beilage zu kaltem Fisch oder Fleisch sowie als Würze von Salaten.

Püree aus bunten Tomaten

FÜR 2 ODER 3 GLÄSER
Vorbereitung: 15 Minuten
Kochzeit: 45 Minuten
Jahreszeit: Sommer

- 2 rote Zwiebeln
- 4 Knoblauchzehen
- 2 kg Tomaten
  (rote, grüne, gelbe)
- 2 EL Vollrohrzucker
- 5 Thymianstängel
- 2 Lorbeerblätter
- Salz, Pfeffer

Zwiebeln und Knoblauch schälen und in dünne Scheiben schneiden. Die Tomaten waschen, den Stielansatz entfernen und die Früchte vierteln. Zusammen mit Zwiebeln, Knoblauch und dem Vollrohrzucker in einen großen Topf füllen und aufkochen. Thymian und Lorbeer hinzufügen. Nach Geschmack salzen und pfeffern. Im offenen Topf 45 Minuten köcheln lassen. Dabei von Zeit zu Zeit umrühren. Ist die Masse noch immer zu flüssig, auf kleiner Flamme weiter einkochen lassen.

Die Kräuter herausnehmen und die Tomatenmasse mit dem Pürierstab zu einem glatten Püree verarbeiten oder stückig lassen. In Gläser füllen und verschließen.

GEMÜSEKONSERVEN FÜR LÄNGERE HALTBARKEIT STERILISIEREN

Ein Geschirrhandtuch auf den Boden eines Kochtopfs legen, die gut verschlossenen Einmachgläser einpassen und weitere Geschirrhandtücher so dazwischenschieben, dass die Gläser nicht aneinanderstoßen. Mit Wasser bedecken und 30 Minuten kochen. Im Kochtopf abkühlen lassen und erst kalt herausnehmen. So könnt ihr die Gläser 1 Jahr lang trocken und an einem lichtgeschützten Ort aufbewahren. Angebrochen hält sich der Inhalt kühl gelagert gut 10 Tage.

Selbstgemachtes Tomatenmark

FÜR 2 GLÄSER
Vorbereitung: 10 Minuten
Kochzeit: 1 Stunde 10 Minuten
Jahreszeit: Sommer

- 1 kg Taubenherz-Tomaten
- 2 Zwiebeln
- 2 Knoblauchzehen
- 4 EL Olivenöl
- 2 Zweige frischer Oregano
- 1 Prise Paprikapulver
- Salz, Pfeffer

Die Tomaten waschen und klein würfeln. Knoblauch und Zwiebeln schälen und klein hacken. Das Olivenöl in einem Topf erhitzen und Zwiebeln und Knoblauch ungefähr 10 Minuten auf mittlerer Flamme anschwitzen. Die Tomaten, die Oregano-Zweige und den Paprika dazugeben, nach Geschmack salzen und pfeffern. Alles gut verrühren und zugedeckt auf kleiner Flamme 30 Minuten köcheln lassen. Die Oregano-Zweige herausnehmen, die Tomatenmasse pürieren, dann wiederum auf kleiner Flamme 30 Minuten auf die Konsistenz von Tomatenmark einkochen. Hat die Tomatenmasse die gewünschte Konsistenz erreicht, vom Feuer nehmen und in hübschen Gefäßen aufbewahren.

LINSENSALAT

Ein sehr einfaches Rezept! Aber gut ... und idiotensicher.
Einer meiner Klassiker!

FÜR 4 PERSONEN

Vorbereitung: 5 Minuten
Zubereitung: 30 Minuten
Jahreszeit: rund ums Jahr

- 1 Zwiebel
- 3 Nelken
- 400 g Le-Puy-Linsen
- 1 kleiner Lorbeerzweig
- 1 Schalotte, klein gehackt
- 4 EL Balsamicoessig und/oder Sojasauce
- 5 EL Olivenöl
- Salz, Pfeffer

Die Zwiebel schälen und die Nelken in die Zwiebel stecken. Die Linsen in reichlich kochendem Wasser zusammen mit dem Lorbeerzweig und der mit Nelken gespickten Zwiebel garen.

Sind die Linsen al dente, in ein Sieb abseihen und mit eiskaltem Wasser abschrecken, dabei die Zwiebel mit den Nelken herausnehmen. Anschließend mit dem Balsamicoessig, dem Olivenöl und der klein gehackten Schalotte in eine Schüssel füllen. Je nach Geschmack salzen und pfeffern.

ESSEN MIT FREUNDEN

HUMMUS

Hummus ist mein Lieblingsdipp zum Aperitif. Es ist so einfach, ihn selbst zu machen, und so viel netter, als ein Fertigprodukt auf den Tisch zu stellen!

FÜR 4 PERSONEN

Préparation : 15 minutes
Saison : toute l'année

- 180 g Kichererbsen, gekocht
- 1 Knoblauchzehe
- Saft ½ Zitrone
- 2 EL Olivenöl
- Salz, Pfeffer

Die abgeseihten Kichererbsen pürieren. Das Kochwasser dabei auffangen, um den Hummus nach Geschmack zu verdünnen. Die geschälte Knoblauchzehe, den Zitronensaft, sowie das Olivenöl und die gewünschte Menge Salz und Pfeffer dazugeben. Erneut pürieren, bis der Hummus eine samtige, cremige Konsistenz angenommen hat. Wenn nötig, etwas Kochwasser einrühren.

Den Hummus in einer hübschen Schüssel servieren und davor mit Körnern, Gewürzen oder Zitronenzesten bestreuen.

TIPP
Um dem Hummus einen besonderen Geschmack zu geben, kann man 200 g gegrilltes Gemüse (Kürbis, Karotten, Süßkartoffeln, Schalotten…) sowie Gewürze wie zum Beispiel Kurkuma oder Tandoori Masala dazugeben. Noch leckerer und cremiger wird er mit 1 EL Nussmus (Tahini, Mandelmus…).

ESSEN MIT FREUNDEN – VORSPEISE

OFEN-GEBACKENER FETA MIT HONIG

Was gegrillten Feta betrifft, so muss ich zugeben, dass er bei mir zur Sucht geworden ist. Ich finde immer eine Verwendung dafür! Zum Frühstück mit Sommerbeeren, mittags schön heiß mit Salat, als Apero, mit Kräutern beim Barbecue, zum Abendessen mit Kirschtomaten …

FÜR 4 PERSONEN

Vorbereitung: 5 Minuten
Backzeit: 25 Minuten
Jahreszeit: rund ums Jahr

- 1 dicke Scheibe Feta (etwa 200 bis 300 g)
- 1 Schuss Olivenöl
- 1 EL Honig (Raps-, Blüten-, Lavendel-, Kastanienhonig)
- 2 Rosmarinzweige
- 1 Prise Pfeffer

Den Backofen auf 180 °C vorheizen. Die Scheibe Feta in eine Gratinform legen. Mit Olivenöl und Honig beträufeln. Pfeffern und den Rosmarin darüberlegen. Für 25 Minuten in den Ofen schieben.

Zum Aperitif empfehle ich den frisch gebackenen Feta mit Pita-Brot!

LABNEH

Ein ausgesprochen cremiger Dip und dabei leichter als Käse.

FÜR 4 PERSONEN

Vorbereitung: 10 Minuten
Ruhezeit: 24 Stunden
Jahreszeit: rund ums Jahr

- 450 g Joghurt (griechischer Art, auch Ziegen- oder Schafsjoghurt)
- 2 Messerspitzen Fleur de Sel

Salz und Joghurt in einem Gefäß mischen und anschließend auf ein sauberes Tuch geben. Das Tuch an den Enden zusammenfassen und mit dem Joghurt in ein Küchensieb legen. Dieses auf ein leeres Gefäß stellen, in das die Molke abtropfen kann.

Das Tuch mit Küchengarn abbinden, so dass es den Joghurt etwas zusammendrückt. Alles zusammen in den Kühlschrank stellen und die Joghurt 24 Stunden abtropfen lassen. Der größte Teil der Flüssigkeit wird abfließen, und es bleibt der sämige, cremige Joghurt zurück.

Mit Freunden genießen und je nach Geschmack zum Beispiel mit Zatar und einem Schuss Olivenöl würzen.

GERÖSTETE AUBERGINEN / AUBERGINEN-KAVIAR

Ein Brotaufstrich mit rauchigem Aroma, 100% Gemüse und im Nu fertig!

FÜR 4 PERSONEN

Vorbereitung: 10 Minuten
Backzeit: 30 Minuten
Jahreszeit: Sommer

- 2 Auberginen
- 3 bis 4 Knoblauchzehen
- Olivenöl
- Fleur de Sel (Meersalzflocken)

Optional
- Zitronensaft
- 1 Salzzitrone (eingelegt, Spezialität aus Marokko)
- Tahini

Den Backofen auf 200 °C vorheizen. Die Auberginen waschen, der Länge nach halbieren und mit der Messerspitze kreuzweise einschneiden, ohne die Außenhaut zu verletzen. Auf ein mit Backpapier ausgelegtes Backblech setzen. Den Knoblauch in die Schnittstellen der Auberginen stecken oder um sie herumlegen. Die Hälften großzügig mit Olivenöl beträufeln und mit Fleur de Sel bestreuen, dann 30 Minuten backen. Die Auberginen sollten schön gebräunt und geröstet sein. Entweder im Ganzen mit griechischer Joghurt oder Sojajoghurt servieren oder das Auberginenfleisch aus der Schale kratzen, pürieren und mit Zitronensaft (oder der Salzzitrone), etwas Olivenöl und einem gehäuften EL Tahini-Sesampaste mischen.

ESSEN MIT FREUNDEN – VORSPEISE

RÖMERSALAT-HERZEN, PARMESAN-CREME UND MANDELN

Ich liebe diese Art von Rezepten: Einfach und schnell zuzubereiten, und ihr könnt sicher sein, dass ihr eure Gäste beeindruckt, ohne viel Aufwand zu treiben. Von mir erfahren sie nichts, versprochen!

FÜR 4 PERSONEN

Vorbereitung: 15 Minuten
Backzeit: 20 Minuten
Jahreszeit: Rund ums Jahr

- 4 Römersalat-Herzen, gewaschen
- 2 EL Olivenöl
- 6 EL Sojajoghurt
- 2 EL Tamari (oder Sojasauce)
- 3 EL Honig (oder Ahornsirup)
- 1 kleine Knoblauchzehe, gerieben
- 1 kleines Stück Parmesan

Den Backofen mit der Grillfunktion auf 200 °C vorheizen.

Die Salatherzen der Länge nach halbieren und mit reichlich Olivenöl bestreichen. In eine Gratinform legen. Unter den Backofengrill schieben und den Grillvorgang beobachten. Sind die Salatherzen gut gebräunt, aus dem Ofen nehmen. Ebenso einfach geht es in der Pfanne oder auf einem Barbecue-Grill (Schnittfläche nach unten).

Für die Sauce Joghurt, Tamari, den Honig und den geriebenen Knoblauch in einer Schale gut mischen.

Die Salatherzen auf Tellern oder einer Servierplatte verteilen, die cremige Sauce darüber geben und vor dem Servieren etwas Parmesan darüber reiben.

ESSEN MIT FREUNDEN – VORSPEISE

PARMESAN-BIRNEN

Die Süße der Birne und das würzige Aroma des Parmesans harmonieren perfekt. Damit die Kombination ihren ganzen Zauber entfaltet, einen mindestens 24 Monate gereiften Parmesan nehmen!

FÜR 4 PERSONEN

Zubereitung: 10 Minuten
Jahreszeit: rund ums Jahr

- 300 g Parmesan
- 4 reife aber feste Birnen
- 2 Schuss Olivenöl
- Pfeffer aus der Mühle

Den Parmesan in dünne Scheiben schneiden. Die Birnen schälen, entkernen und mit einem Gemüsehobel oder einem sehr scharfen Messer in hauchdünne Scheiben schneiden. Auf einem hübschen Teller anrichten, mit Olivenöl beträufeln und mit den Parmesanspänen bedecken. Etwas frisch gemahlenen Pfeffer darüber geben und servieren.

TIPP
Über alles den Saft einer halben Zitrone träufeln, falls die Vorspeise nicht sofort serviert wird.

GEBACKENER HALLOUMI

Halloumi gehört zu meinen Lieblingskäsesorten. Ich mag seine salzige Würze. Mit Gewürzen gebacken schmeckt er einfach köstlich.

FÜR 4 PERSONEN

Vorbereitung: 5 Minuten
Backzeit: 30 bis 40 Minuten
Jahreszeit: Rund ums Jahr

- 250 g Halloumi
- ½ Teelöffel Pimentpulver
- 2 EL Ahornsirup
- Saft von ½ Zitrone
- 1 EL Tamari (oder Sojasauce)

Den Backofen auf 200 °C vorheizen.

Legen Sie eine ofenfeste Form mit Backpapier aus und geben Sie die Scheibe Halloumi in die Mitte. Die anderen Zutaten mischen und darüber streuen.

Für 30 bis 40 Minuten backen, bis der Käse gut gebräunt ist.

Heiß mit Toast und einem Salat aus Babyspinat mit einer Vinaigrette Eurer Wahl servieren.

ESSEN MIT FREUNDEN – HAUPTGERICHT

SPARGEL UND DAS GELBE VOM EI

Sobald sich der Frühling ankündigt, bin ich voller Vorfreude, denn dann ist wieder Spargelzeit! Dieses Gemüse ist so köstlich, dass ich es am liebsten nur mit einem Schuss Olivenöl und etwas Fleur de Sel genieße. Für ein festliches Essen allerdings greife ich auf dieses Rezept hier zurück!

FÜR 4 PERSONEN

Vorbereitung: 10 Minuten
Kochzeit: 15 bis 20 Minuten
Jahreszeit: Frühling/Sommer

- 12 Stangen grüner oder weißer Spargel
- 100 g Parmesan
- 3 Eigelb
- Salz
- Pfeffer frisch aus der Mühle

Sind die Spargel sehr dick, werden sie der Länge nach halbiert, weißer Spargel wird außerdem geschält, und die harten Enden werden abgeschnitten. Das Wasser zum Kochen bringen und die grünen Spargelstangen 10 bis 15 Minuten, die weißen 20 Minuten kochen.

Gründlich mit kaltem Wasser abschrecken und mit dem geraspelten Parmesan auf eine Platte legen. Dann die Sauce zubereiten. Dazu Eigelb mit Salz und Pfeffer aufschlagen. Die Ei-Sauce über die Spargel gießen und genießen.

TIPP
Das Eiweiß für eine super einfache Mousse au Chocolat aufbewahren (Rezept: Seite 162).

BIMBIMBAP

Dieses typisch koreanische Gericht wirkt richtig stylisch.

FÜR 4 PERSONEN

Vorbereitung: 30 Minuten
Kochzeit: 15 Minuten
Jahreszeit: saisonal anpassungsfähig

- 1 kg gekochter Reis
- Olivenöl (oder Sesamöl)
- 1 Handvoll junge Spinatblätter, gewaschen
- 3 bis 4 Shiitake-Pilze
- 3 Karotten, geschält
- Saft von ½ Zitrone
- 100 g Sprossen (Soja-, Alfalfa-, Fenchel- …)
- 2 EL Tamari (oder Sojasauce)
- einige Sesamkörner (optional)
- 4 Eigelb (optional)

Den Reis in Olivenöl in einer Pfanne auf großer Flamme leicht knusprig rösten.

In einer zweiten Pfanne die jungen Spinatblätter vorzugsweise in Sesamöl andünsten. Die grob geschnittenen Pilze dazugeben.

Die Karotten klein schneiden und den Zitronensaft darübergießen.

Den Reis mit den übrigen Zutaten auf Schalen verteilen: Spinat, Pilze, Karotten und Sprossen. Alles mit Tamari beträufeln. In die Mitte, falls erwünscht, ein Eigelb setzen und alles vor dem Verzehr mit Sesamkörnern bestreuen.

TIPP
Das Eiweiß für eine einfache Mousse au Chocolat aufbewahren (Rezept: Seite 162).

EIN GANZER FISCH AUS DEM OFEN

Hier ein leichtes Gericht mit frischem Zitronengeschmack, das man mit Freunden genießt. Es eignet sich perfekt, um den Sommeranfang mit seiner ganzen Schönheit zu zelebrieren. Als Beilage empfiehlt sich ofengebackenes Gemüse (*Rezept: Seite 150*) oder ein Kartoffelgratin (*Rezept: Seite 140*).

FÜR 4 PERSONEN

Vorbereitung: 30 Minuten
Zubereitung: 25 Minuten
Jahreszeit: saisonal anpassungsfähig

- 5 Bio-Zitronen
- 1 Dorade von 1,5 kg; ausgenommen und geschuppt
- 1 Schuss Olivenöl
- 1 kleines Bund Basilikum
- Salz, Pfeffer

Den Backofen auf 170 °C vorheizen. 2 Zitronen auspressen und die restlichen 3 Zitronen grob in Schnitze zerteilen.

Die Dorade (oder die Doraden) in eine feuerfeste Form oder auf ein Backblech legen, die Zitronenschnitze hinzufügen, mit Zitronensaft begießen, mit Olivenöl beträufeln und je nach Geschmack salzen und pfeffern.

Den Fisch 25 Minuten im Ofen backen. Nach dem Herausnehmen sofort mit den frischen Basilikumblättern bestreuen. Mit einem frischen Blattsalat, Reis oder Bulgur genießen.

TIPP

Diese Zubereitungsart passt zu vielen Fischarten.
Einfach beim Fischhändler nach dem frischesten Fisch fragen.

RISOTTO

Vollkornreis mit Pilzen

FÜR 4 PERSONEN

Vorbereitung: 10 Minuten
Kochzeit: 35 Minuten
Jahreszeit: Herbst

- 300 g Pilze (z.B. Totentrompeten, Steinpilze, Shiitake, weiße Champignons ...) oder 100 g Pilzpulver
- 100 g Butter (30+Rest)
- 2 Zwiebeln
- 1 Schuss Olivenöl
- 250 g Rundkornreis (weißer oder Vollkorn-Reis)
- 1,5 l Brühe (oder 1,5 l Wasser und 3 Brühwürfel)
- 300 ml trockener Weißwein
- 200 g Parmesan, gerieben
- Salz, Pfeffer

Frische Pilze schnell unter fließendem kaltem Wasser abspülen oder gründlich abbürsten. Anschließend abtrocknen und grob schneiden.

Die geschnittenen Pilze in einer Pfanne mit hohem Rand in 30 g heißer Butter 4 Minuten anschwitzen, aus der Pfanne nehmen und vorhalten. Die Zwiebeln schälen, grob hacken und 5 Minuten in einem großen Schuss Olivenöl auf hoher Flamme in derselben Pfanne goldbraun rösten. (Die Pfanne zwischendurch nicht waschen). Die Flamme etwas herunterdrehen, den Reis hinzugeben und glasig werden lassen. Anschließend die Brühe angießen.

Hat der Reis die Flüssigkeit fast vollständig aufgenommen, den Wein angießen und warten, bis auch dieser fast vollständig aufgenommen wurde. Der Reis sollte jetzt noch bissfest sein. Ist er noch zu hart, etwas Wasser nachgießen und köcheln lassen, bis das Ergebnis stimmt.

Ist der Reis fertig, je nach Geschmack salzen und pfeffern. Die übrige Butter, die Pilze und den Parmesan hinzufügen. 10 Minuten zugedeckt ziehen lassen und servieren..

Schwarzer Reis mit Kürbis

FÜR 4 PERSONEN

Vorbereitung: 10 Minuten
Kochzeit: 35 Minuten
Jahreszeit: Herbst

- 2 Zwiebeln
- 1 Schuss Olivenöl
- ½ Hokkaido-Kürbis (oder eine andere Kürbis-Sorte), entkernt und grob gewürfelt
- 250 g schwarzer Venus-Reis (Riso Venere)
- 1,5 l Brühe (oder 1,5 l Wasser und 3 Brühwürfel)
- 300 ml trockener Weißwein
- 200 g Parmesan, gerieben
- 150 g Crème fraîche (oder eine vegane Creme)
- Salz, Pfeffer

Die Zwiebeln grob würfeln und 5 Minuten in einem guten Schuss Olivenöl auf kräftiger Flamme leicht bräunen. Das Kürbisfleisch ebenfalls 5 Minuten anschwitzen. Das Feuer etwas zurücknehmen, den Reis dazugeben und glasig werden lassen. Anschließend die Brühe angießen.

Hat der Reis die Flüssigkeit fast vollständig aufgenommen, den Wein angießen und warten, bis auch dieser fast vollständig aufgenommen wurde. Der Reis sollte jetzt noch bissfest sein. Ist er noch zu hart, etwas Wasser nachgießen und köcheln lassen, bis das Ergebnis stimmt. Mit Salz und Pfeffer abschmecken.

Sobald der Reis al dente ist, die Crème fraîche und den geriebenen Parmesan unterheben. Deckel auf den Topf geben, den Topf vom Feuer nehmen und den Reis noch 5 Minuten ziehen lassen. Fertig!

VEGANES RISOTTO MIT MANDELCREME UND MISO

FÜR 4 PERSONEN

Vorbereitung: 10 Minuten
Kochzeit: 35 Minuten
Jahreszeit: rund ums Jahr

- 2 Zwiebeln
- 1 Schuss Olivenöl
- 250 g Arborio-Reis
- 2 EL Miso-Paste (oder 3 EL Miso-Gewürzpulver)
- 1,5 l Brühe (oder 1,5 l Wasser und 3 Brühwürfel)
- 300 ml trockener Weißwein
- 150 g Mandelcreme (oder Crème fraîche, Hafercreme, Soja ...)
- Salz, Pfeffer

Die Zwiebel schälen und grob hacken. 5 Minuten auf kräftiger Flamme in Olivenöl goldbraun anrösten. Die Flamme herunterdrehen, Reis und Miso-Paste hinzufügen und den Reis glasig werden lassen. Anschließend die Brühe dazugeben. Hat der Reis die Flüssigkeit fast vollständig absorbiert, den Wein angießen und warten, bis dieser ebenfalls aufgesogen ist. Der Reis sollte dann noch bissfest sein. Ist er noch zu hart, noch etwas Wasser angießen, bis der Reis die gewünschte Konsistenz angenommen hat. Nach Geschmack salzen und pfeffern.

Ist der Reis al dente, die Mandelcreme einrühren, das Feuer herunterschalten und alles 5 Minuten bei geschlossenem Deckel ziehen lassen.

TIPP
Etwas Bäckerhefe zusammen mit der veganen Creme hinzugefügt verleiht dem Risotto ein leichtes Käse-Aroma.

GRATIN DAUPHINOIS

Das Familien-Rezept par excellence! In meiner Familie wird es seit Generationen von den Eltern an die Kinder weitergereicht. Nur vier Zutaten ergeben einen köstlichen Auflauf mit einem so cremigen, sämigen Schmelz, dass ich mich sofort wieder in meine Kindheit zurückversetzt fühle!

FÜR 4 PERSONEN

Vorbereitung: 15 Minuten
Kochzeit: 4 Stunden
Jahreszeit: rund ums Jahr

- 1 kg Kartoffeln (Monalisa, Agata ...)
- 3 Lorbeerblätter
- 3 Knoblauchzehen, gepresst
- 500 ml Sahne (auch vegan)
- Salz, Pfeffer

Den Ofen auf 150 °C vorheizen. Die Kartoffeln schälen und mit dem Gemüsehobel in gleichmäßig dünne Scheiben schneiden. Die Kartoffelscheiben nicht mit Wasser abspülen, um die Stärke zu erhalten.

Die Kartoffelscheiben fächerartig in eine Gratinform schichten. Mit der Sahne, den gepressten Knoblauchzehen und den Lorbeerblättern bedecken. Salzen und pfeffern.

Für 4 Stunden in den Ofen schieben.

Mit einem Salat aus jungem Spinat, Möhren-Tagliatelle und einer Orangen-Vinaigrette (Rezept: Seite 60) servieren.

TIPP
Die lange Backzeit im Ofen bewirkt, dass die Kartoffeln in der Sahne zu einer sämigen, cremigen Konsistenz mit einem köstlichen Knoblauch-Lorbeer-Aroma garen.

ESSEN MIT FREUNDEN – HAUPTGERICHT

DORADEN-CARPACCIO MIT ZITRUSFRÜCHTEN

Aktivieren Sie ihre Geschmacksknospen mit diesem säuerlichen Rezept aus rohem Fisch.

FÜR 4 PERSONEN

Zubereitung: 10 Minuten
Jahreszeit: rund ums Jahr

- 1 kg roher Fisch (Dorade, Barsch, Dorsch, Weißer Thunfisch …)
- 3 Orangen (Orangen, Mandarinen, Blutorangen … 1+2)
- 1 EL Zitronensaft
- 4 EL Olivenöl
- Pfeffer frisch aus der Mühle

Eine Zitrusfrucht (hier eine Orange) auspressen und den Saft beiseitestellen. Die restlichen Zitrusfrüchte schälen und filetieren, dafür das Fruchtfleisch aus den weißen Häutchen herausschneiden.

Den Fisch mit einem scharfen Messer in dünne Scheiben schneiden und auf einer Platte anrichten. Mit Zitronensaft, dem frisch gepressten Orangensaft sowie dem Olivenöl marinieren.

Mit den Orangen-Filets belegen und mit etwas Pfeffer frisch aus der Mühle würzen.

Kühl stellen (der Fisch sollte sehr kalt sein). Vor dem Servieren einen letzten Schuss Olivenöl darüberträufeln.

GLASIERTES HUHN

Ihr seid das klassische Sonntagshühnchen leid? Dann deckt den Tisch für eine große Tafelrunde! Ich gebe euch mein Hühnchen-Rezept, und alle werden beglückt sein.

FÜR 4 PERSONEN

Vorbereitung: 20 Minuten
Kochzeit: 1 Stunde
Jahreszeit: rund ums Jahr

- 1 rote Zwiebel
- 3 Knoblauchzehen
- 1 Bio-Orange (Saft und Abrieb)
- 300 ml Tamari (oder Sojasauce)
- 300 ml Ahornsirup
- 3 EL Balsamicoessig
- 3 EL Olivenöl
- 1 Teelöffel Quatre-Épices oder Chai-Gewürzmischung (Rezept: Seite 148)
- 1 Bauernhuhn, 1 kg schwer

Den Backofen auf 200 °C vorheizen. Die rote Zwiebel schälen und klein schneiden. Die Knoblauchzehen zerquetschen.

In einem Gefäß eine Mischung aus Orangensaft, Orangenabrieb, Tamari, Ahornsirup, Balsamicoessig, Olivenöl und der Chai-Gewürzmischung herstellen. Wenn ihr Zeit habt, lasst die Mischung auf kleiner Flamme noch etwas einkochen, so wird das Karamell-Aroma noch stärker.

Das Hühnchen in eine ofenfeste Form legen. Mit den klein gehackten Knoblauchzehen und der gehackten Zwiebel bestreuen. Anschließend mit einem Esslöffel die gesamte Gewürzsauce darübergießen.

Das Hühnchen für gut eine Stunde (die Backzeit hängt von der Stärke des Ofens ab) in den Ofen schieben, regelmäßig wenden und immer wieder mit der Sauce begießen, die dabei weiter einkocht.

Aus dem Ofen nehmen, die Sauce auffangen und beiseitestellen. Das Hühnchen zerlegen, etwas Sauce darübergeben und einen Rest in einem Schüsselchen auf den Tisch stellen. Als Beilage eignet sich ein frischer Salat, ein Püree oder Ofengemüse.

TIPP
Die Gemüsesorten (Karotten, Pastinaken, Kartoffeln...) vorbereiten und um das Hühnchen herumlegen, bevor es in den Ofen kommt. Alles zusammen backen und servieren.

GRÜNES CURRY AUS GEMÜSE DER SAISON

FÜR 4 PERSONEN

Vorbereitung: 10 Minuten
Kochzeit: 30 Minuten
Jahreszeit: rund ums Jahr

- 1 Bund Koriander
- 1 kleine grüne Chilischote
- 1 kleines Stück Ingwer
- 2 Knoblauchzehen
- Olivenöl
- 1 Teelöffel Currypulver
- 1 rote Zwiebel
- 3 Bio-Kartoffeln
- 1 großer Broccoli
- 1 l Kokosmilch (oder Mandelcreme)
- Salz, Pfeffer

Optional
- 4 Hühnerbrüste, gewürfelt oder 350 g Garnelen geschält, für mehr Eiweiß
- 1 Orangen- oder Zitronenscheibe zur Garnitur

Den Koriander, die entkernte Chilischote, den geschälten Ingwer, die geschälten Knoblauchzehen, einen Schuss Olivenöl, Curry, Salz und Pfeffer nach Geschmack in einem Mixer zu einer glatten Paste verarbeiten. Beiseitestellen.

Die rote Zwiebel schälen und klein schneiden. In einer Pfanne mit hohem Rand oder einem Wok in 2 EL Olivenöl anschwitzen. Kartoffeln und Broccoli waschen. Die Kartoffeln kräftig abbürsten und in große Stücke schneiden. Den Broccoli in Röschen teilen. Beides zusammen mit Zwiebeln und Hühnerfleisch (falls gewünscht) anbraten. Hat das Gemüse Farbe angenommen, etwas Wasser angießen und die Currypaste einrühren.

Alles zusammen leise köcheln lassen, bis das Gemüse weich ist. Mit einer Messerspitze überprüfen. Erst im letzten Moment vor dem Servieren mit der Kokosmilch aufgießen, um das sanfte Aroma zu erhalten.

Mit einem Schuss Olivenöl und einer Scheibe Orange oder Zitrone in einer Schüssel anrichten. Als Hauptmahlzeit gut heiß ohne Beilage oder mit einer Schale Reis genießen.

TIPPS
Die Gemüsesorten könnt ihr passend zur Jahreszeit wählen! Dieses Gericht funktioniert auch mit gelber Currypaste (Rezept: Seite 148). Wenn ihr keinen Mixer habt, sämtliche Gewürze (Chili, Knoblauch und Ingwer etc.) sehr klein hacken und zusammen mit den übrigen Zutaten anbraten und dünsten.

GEWÜRZMISCHUNGEN ZUM SELBERMACHEN

Gewürze sind das Leben! Warum also sollte man sie nicht selbst herstellen?

Grundrezept

Vorbereitung: 5 Minuten
Trocknung: 12 bis 24 Stunden
Jahreszeit: rund ums Jahr

- Küchenkräuter (Basilikum, Estragon, Koriander, Schnittlauch, Oregano, Thymian, Kerbel, Salbei, Zitronenverbene, Minze …)
- Zitrusfrüchte (Zitrone, Kumquat, Orange, Clementine, Mandarine …)
- Gemüse (Karotten, Rote Bete, Sellerie …)
- Früchte (Beeren, Banane, Kiwi, Apfel, Birne …)
- Pilze jeder Art

Hauseigene Gewürzmischungen lassen sich am besten im Dörrautomaten herstellen. Ihr könnt aber auch den Backofen auf Niedrigtemperatur nutzen oder die entsprechenden Zutaten auf der Heizung oder vor dem Kaminfeuer trocknen.

Um Pulver aus Zitrusfrüchten, Küchenkräutern, Obst, Gemüse und sogar Pilzen herzustellen, gibt es eine ganz einfache Methode: Es genügt, sämtliche Zutaten klein zu schneiden und je nach Größe 12 bis 24 Stunden in den Dörrautomaten zu geben.

Anschließend werden sie in Gläsern aufbewahrt oder in den Mixer gegeben, um sie bei maximaler Drehzahl zu Pulver zu verarbeiten.

Curry-Paste

Zubereitung: 10 Minuten
Jahreszeit: rund ums Jahr

- 1 EL Senfkörner
- 1 EL Fenchelsamen
- 1 EL Korianderkörner
- 2 Zwiebeln
- 4 Knoblauchzehen
- 3 Curryblätter (oder Currypulver)
- 8 cm großes Stück Ingwer
- 1 EL Kurkuma
- Olivenöl
- Salz, Pfeffer

Eine Pfanne erhitzen. Die Senfkörner, den Fenchelsamen und die Korianderkörner darin rösten, bis sie ein kräftiges Aroma verströmen. Anschließend in den Mixer geben.

Knoblauch und Zwiebeln schälen und klein hacken und die Curryblätter zerbröseln. Den Ingwer klein schneiden. Zusammen mit dem Kurkuma in den Mixer mit den anderen pulverisierten Zutaten geben und bei maximaler Drehzahl mixen, bis eine Paste entstanden ist. Wenn nötig, etwas Olivenöl dazugeben und nach Geschmack salzen und pfeffern.

In einem Schraubglas kühl aufbewahren..

Chai-Gewürzmischung

Vorbereitung: 5 Minuten
Jahreszeit: rund ums Jahr

- 2 EL Zimt, gemahlen (oder 2 Zimtstangen)
- 3 EL Kardamom
- 1 Teelöffel Nelken
- 1 EL Ingwerpulver
- 6 schwarze Pfefferkörner

Sämtliche Zutaten bei maximaler Drehzahl im Mixer zu Pulver verarbeiten. Ihr könnt die Gewürze auch in einem Mörser fein zerstoßen, wenn ihr keinen Mixer habt.

In einem Töpfchen aufbewahren. Dieses Gewürz eignet sich für Chai-Latte, Kuchenteige und Desserts.

OFEN-GEMÜSE

Dieses Rezept findet sich in zahlreichen Variationen in allen meinen Büchern, und es gibt kein schnelleres und einfacheres Gericht. Ihr habt Gemüse zu Hause? Ihr habt einen Backofen? Dann habt ihr köstliches Ofengemüse, zu dem alle möglichen Saucen passen. Also ran an den Ofen!

FÜR 4 PERSONEN

Vorbereitung: 10 Minuten
Backzeit: 30 Minuten
Jahreszeit: rund ums Jahr

- Ca. 10 Karotten und Speiserübchen mit Laub (oder anderes Wurzelgemüse)
- 1 Knoblauchknolle
- 1 große rote Zwiebel
- 2 EL Ahornsirup
- Olivenöl
- Salz, Pfeffer

Den Backofen auf 180 °C vorheizen.

Das Gemüse waschen und der Länge nach mitsamt dem Laub aufschneiden. Die Zwiebel schälen und halbieren. Die Knoblauchknolle quer halbieren.

Alles zusammen auf einem mit Backpapier ausgelegten Backblech verteilen. Mit dem Ahornsirup und dem Olivenöl beträufeln und nach Geschmack salzen und pfeffern. Für 30 Minuten in den Ofen schieben. Das Gemüse von Zeit zu Zeit gut durchmischen, damit es von allen Seiten schön karamellisiert.

Zum Aperitif oder als Beilage zu einem Hauptgericht heiß servieren.

SÜSSE MOMENTE

SÜSSE MOMENTE

KLEBREIS GEDÄMPFT MIT KOKOS UND FRISCHER MANGO

Sicher habt ihr schon gemerkt, dass ich Reis liebe. Darum musste ich euch einfach dieses *Sticky Rice* Rezept vorstellen. Klebreis ist ein typischer Bestandteil der Thai-Küche und wird gerne auch zum Frühstück gegessen.

FÜR 4 PERSONEN

Vorbereitung: 5 Minuten
Ruhezeit: 3 Stunden (optional)
Kochzeit: 45 Minuten
Jahreszeit: rund ums Jahr

- 250 g Rundkornreis (oder Klebreis)
- 500 ml Kokosmilch
- 50 g Vollrohrzucker
- 1 große, reife Mango
- weiße oder schwarze Sesamkörner zum Garnieren

Wenn möglich den Reis vor dem Kochen in reichlich kaltem Wasser gut 3 Stunden quellen lassen. Damit reduziert sich die Kochzeit beträchtlich.

Den Reis mit etwas Wasser in einen Dampfgarer geben und ungefähr 45 Minuten dämpfen. Von Zeit zu Zeit nachschauen, ob er schon gar ist.

Währenddessen die Kokosmilch mit dem Zucker aufkochen. Die Mango schälen und in Schnitze oder Würfel schneiden.

Die gezuckerte Kokosmilch an den Reis gießen, gut verrühren und auf hübsche Schälchen verteilen. Mit Mango-Stücken garnieren und mit Sesamkörnern bestreuen. Lauwarm servieren.

TIPPS

Die Mango könnt ihr je nach Saison durch ein Schälchen Erdbeeren oder 3 Pfirsiche ersetzen. Wenn ihr keinen Dampfgarer habt, den Reis in sprudelndem Wasser kochen und die gezuckerte Kokosmilch anschließend dazugeben.

ÎLE FLOTTANTE – LAKTOSEFREI

Wie ihr wisst, bin ich keine Freundin von Kuhmilch. Aus diesem Grund wollte ich unbedingt dieses Rezept für Île flottante ohne Laktose kreieren. Und versprochen: Ihr werdet keinen Unterschied merken!

FÜR 4 PERSONEN

Vorbereitung: 15 Minuten
Zubereitung: 15 Minuten
Jahreszeit: rund ums Jahr

- 4 Eier
- 1 Prise Fleur de Sel (Meersalzflocken)
- 800 ml Pflanzenmilch (Mandel-, Soja-, Haselnussmilch …)
- 12 g Vanillezucker (oder eine Vanilleschote)
- 50 g Ahornsirup

Die Eier trennen und das Eiweiß mit einer Prise Salz sehr steif schlagen.

Anschließend das Eigelb mit der Pflanzenmilch und dem Vanillezucker in einem Topf auf kleiner Flamme 15 Minuten kräftig und ohne Pause aufschlagen. Dabei sollte die Flüssigkeit leicht eindicken. Vorhalten.

Diese sogenannte „Englische Creme" in eine große Schüssel geben oder auf tiefe Teller verteilen. Anschließend mit zwei Esslöffeln vorsichtig Eiweißnocken abstechen, auf der Creme verteilen und mit Ahornsirup beträufeln.

Lauwarm oder gekühlt genießen.

SÜSSE MOMENTE

KEKSE – EINFACH UND SCHNELL

Voilà! Endlich habe ich es gefunden! Das ultimative Keks-Rezept! Es ist einfach zuzubereiten, und wenn ihr dem Rezept buchstabengetreu folgt (nicht vergessen, den Teig an einem kühlen Ort ruhen zu lassen!), tja dann, das schwöre ich, werdet ihr Kinder und Erwachsene damit glücklich machen.

FÜR ETWA 15 COOKIES

Vorbereitung: 15 Minuten
Ruhezeit: 30 Minuten bis 1 Stunde
Backzeit: 12 Minuten
Jahreszeit: rund ums Jahr

- 450 g Mehl (oder eine glutenfreie Mehlmischung)
- 250 g Vollrohrzucker
- ½ Tütchen Bio-Backpulver
- 40 g gemahlene Mandeln oder Haselnüsse (optional)
- 200 g Butter
- 2 Eier, verrührt
- 125 g Schokotropfen
- Fleur de Sel (optional)

Die trockenen Zutaten (Mehl, Zucker, Backpulver und eventuell gemahlene Nüsse) in einer großen Schüssel mischen. Die Butter würfeln und dazugeben. Alles mit den Händen verkneten, bis die Butter weich wird.

Die Eier verrühren, dazugeben und alles zusammen mit den Händen zu einem dichten, homogenen Teig verarbeiten. Anschließend die Schokotropfen untermischen und den Teig für 30 Minuten bis 1 Stunde in den Kühlschrank stellen.

Den Backofen auf 180 °C vorheizen. Teigkugeln von ungefähr je 50 g formen und auf ein mit Backpapier ausgelegtes Backblech legen. Die Teigkugeln mit dem Handballen leicht flach drücken. Für 12 Minuten in den Ofen schieben. Danach sollten die Kekse fast durchgebacken sein. Die Kekse aus dem Ofen holen, aber auf dem Blech lassen. So garen sie noch ein bisschen nach.

Die Kekse mit einem Löffelrücken leicht eindrücken und mit einem Hauch Fleur de Sel bestreuen, wenn ihr das mögt. Kalt oder lauwarm genießen!

SÜSSE MOMENTE

POCHIERTE BIRNEN

Dieses Rezept entstand, als ich ein „Kundalini-Yoga-Menü" für meine Freundin Lilli Barbery Coulon kreiert habe. Seither bereite ich dieses super gesunde Dessert sehr oft zu …sowohl in meiner *Guinguette* als auch zu Hause.

FÜR 2 BIS 4 PERSONEN

Vorbereitung: 5 Minuten
Ruhezeit: 10 Minuten
Kochzeit: 20 Minuten
Jahreszeit: Herbst/Winter

- 1,5 l Bio-Apfelsaft
- Gewürze nach Wahl (Sternanis, Zimtstange …)
- 3 TL Hibiskus-Blüten
- 4 bis 6 feste Birnen (Williams, Conference …)
- 1 Handvoll Mandeln
- 2 EL Ahornsirup (oder Honig)
- 300 g veganer Joghurt (optional)

Apfelsaft und Gewürze in einem Topf aufkochen. Die Hibiskus-Blüten in den kochenden Saft geben und 10 Minuten ziehen lassen, bis sich die Flüssigkeit rot färbt.

Die Birnen schälen. In den kochenden Saft geben und auf mittlerer Flamme 20 Minuten köcheln lassen.

Die Mandeln grob hacken und in einer Pfanne ohne Fett rösten. Den Ahornsirup angießen, kurz mit den Mandeln karamellisieren, danach die Masse schnell auf ein Backpapier geben. Abkühlen lassen.

Die Birnen, wenn sie gar sind, aus der Flüssigkeit nehmen und abtropfen lassen. Wer mag, kann die Flüssigkeit anschließend zu einem Sirup einkochen lassen.

Die Birnen vorsichtig auf einem Brett halbieren und den Mandelkaramell zerstoßen. Den Joghurt auf einen Teller geben, die Birnen darauf verteilen und mit dem Mandelkrokant betreuen.

TIPP
Für gelbe pochierte Birnen das Rezept statt mit Hibiskus-Blüten mit 1 Teelöffel Kurkuma-Pulver zubereiten.

SÜSSE MOMENTE

SCHNELLE SCHOKO-MOUSSE

Ohne Zucker, ohne Milchprodukte … dieses Rezept ist super einfach. Ich bereite es in 10 Minuten vor, wenn ich Eiweiß übrighabe (und das kommt bei mir häufig vor, denn ich kandiere gern Eigelb als Deko zum Beispiel für ein Risotto).

FÜR 4 PERSONEN

Vorbereitung: 10 Minuten
Zubereitung: 10 Minuten
Jahreszeit: rund ums Jahr

-.4 Eiweiß
-.130 g dunkle Schokolade

Die Schokolade auf sehr kleiner Flamme in einem Topf oder im Wasserbad schmelzen. Sobald die Schokolade zu schmelzen beginnt, vom Feuer nehmen und kräftig rühren, bis sie gänzlich geschmolzen ist.

Das Eiweiß steif schlagen und sehr behutsam einmal durchrühren.

Eine kleine Menge Eischnee in die Schokolade geben, dann in kleinen Portionen den gesamten Eischnee mit einem Gummischaber unterheben.

In eine Schüssel geben, einige Stunden kalt stellen und servieren.

TIPP
Vor dem Servieren kann man etwas Schokolade über die Mousse reiben und einen Schuss Olivenöl oder eine Prise Fleur de Sel darübergeben.

SÜSSE MOMENTE

CRUMBLE FÜR GENIESSER

Oh ja, ein Crumble ist einfach zuzubereiten, das kann doch jeder! Aber ich muss sagen, dass dieses Rezept hier wirklich ein besonderer Genuss ist.

FÜR 4 PERSONEN

Vorbereitung: 15 Minuten
Backzeit: 30 bis 40 Minuten
Jahreszeit: Herbst/Winter

- 8–10 schöne Äpfel
- 200 g Beerenfrüchte (Erdbeeren, Himbeeren, Blaubeeren, Schwarze Johannisbeeren ...)
- 200 g Mehl (oder eine glutenfreie Mehlmischung)
- 125 g Vollrohrzucker
- 150 g Butter

Den Backofen auf 180 °C vorheizen. Die Äpfel schälen, das Kerngehäuse entfernen und das Fruchtfleisch würfeln. Zusammen mit der Beeren-Mischung in eine feuerfeste Form geben.

Das Mehl in einer Schüssel mit dem Vollrohrzucker und der Butter zu einer krümeligen Masse vermengen. Den Teig so zwischen den Handballen zerreiben, bis Streusel entstehen. Die Teigstreusel gleichmäßig über die Früchte verteilen.

Für 30 bis 40 Minuten in den Ofen schieben. Lauwarm genießen.

SCHOKO-FONDANT MIT ROTEN BETEN

Ich habe ein Faible dafür, Gemüsesorten in meine süßen Gebäcke zu schmuggeln. Dadurch enthalten die Süßigkeiten mehr Ballast und Mineralstoffe, sind also gesünder. Außerdem ersetzt das Gemüse die Butter. Diese Kuchen bleiben einige Tage saftig, ohne auszutrocknen, und sind ein Leckerbissen.

FÜR 4 PERSONEN

Vorbereitung: 15 Minuten
Backzeit: 30 Minuten
Jahreszeit: Herbst/Winter

- 200 g dunkle Kuvertüre
- 300 g gekochte Rote Bete
- 4 Eier
- 150 g Vollrohrzucker
- 2 EL Kakaopulver
- 130 g Mehl (oder eine glutenfreie Mehlmischung)
- ½ Tütchen Bio-Backpulver
- 1 Prise Fleur de Sel (Meersalzflocken)

Den Backofen auf 180 °C vorheizen. Die Schokolade auf kleiner Flamme in einem Topf oder im Wasserbad schmelzen.

Die Roten Beten in den Mixer geben und bei maximaler Drehzahl zu einem glatten Püree verarbeiten.

Die Eier mit dem Zucker in einer Rührschüssel zu einer schaumigen Masse aufschlagen. Anschließend das Rote-Bete-Püree einrühren. Gut verrühren. Die geschmolzene Schokolade und in kleinen Portionen auch das Kakaopulver, das Mehl, das Backpulver und Salz hinzufügen.

Den Teig in eine gefettete Kuchenform geben. 30 Minuten im Ofen backen. Lauwarm oder kalt genießen.

SÜSSE MOMENTE

ZITRUS-POLENTA-KUCHEN

Das Prinzip des Rührkuchens wurde hier etwas abgewandelt. Dieser Kuchen schmeckt zum Frühstück getoastet ebenso gut wie als Dessert mit etwas Joghurt oder einfach so!

FÜR 4 PERSONEN

Vorbereitung: 15 Minuten
Backzeit: 50 Minuten
Jahreszeit: Herbst/Winter

- 220 g brauner Rohrzucker (oder Vollrohrzucker)
- 200 g weiche Butter
- 120 g Polenta oder Maismehl
- 180 g gemahlene Mandeln (oder Haselnüsse)
- 1 Teelöffel Bio-Backpulver
- 2 Zitrusfrüchte nach Wahl (Abrieb und Saft)
- 3 Eier, verrührt

Sirup (optional)
- Saft von zwei weiteren Zitrusfrüchten
- 50 g Vollrohrzucker

Den Backofen auf 180 °C vorheizen.

Zucker und weiche Butter zusammen schaumig rühren. Polenta, die gemahlenen Mandeln, Backpulver, Abrieb und den Saft der beiden gewählten Zitrusfrüchte einrühren. Schließlich die verrührten Eier hinzufügen.

Ungefähr für 40 Minuten im Ofen backen. Stäbchenprobe machen, ob der Kuchen durchgebacken ist.

Für den Sirup (optional) den Saft der beiden anderen Zitrusfrüchte und den Zucker gut 10 Minuten in einer Kasserolle auf mittlerer Flamme erhitzen.

Wenn der Kuchen warm aus dem Ofen kommt, den Sirup darübergeben (wenn gewünscht). Erst aus der Form nehmen, wenn er vollständig abgekühlt ist. Mit einer großen Tasse Tee servieren!

SÜSSE MOMENTE

SCHOKO-MARONEN-KUCHEN

Diesen wunderbaren Kuchen backt immer Nanie, die Großmutter meines Freundes Alexandre ... Sie machte ihn, wenn ihr Enkel und seine Freunde (darunter mein Ferre, mein Liebster) zu ihr kamen, um in der Gegend surfen zu gehen. Der folgende Kuchen ist Kult! All die Jungs waren verrückt danach, und deren Kinder sind es jetzt auch!

FÜR 4 PERSONEN

Vorbereitung: 10 Minuten
Backzeit: 35 bis 45 Minuten
Jahreszeit: rund ums Jahr

- 100 g dunkle Schokolade
- 500 g gezuckertes Maronenpüree
- 3 Eier
- 2 Messerspitzen grobes, naturbelassenes graues Meersalz (Sel gris)

Den Backofen auf 160 °C vorheizen. In einem Topf oder im Wasserbad die dunkle Schokolade in 2 EL Wasser auf niedrigster Flamme schmelzen.

Ist die Schokolade geschmolzen, vom Feuer nehmen und das Maronenpüree untermengen. Die Eier und das Salz hinzufügen und erneut gut rühren.

Diese Schoko-Mischung in eine gebutterte oder mit Backpapier ausgelegte Backform geben. Für 35 bis 45 Minuten (je nach Ofen) backen. Der Kuchen sollte dann noch weich sein und wird erst beim Erkalten fest werden.

TIPP
Ist das Maronenpüree nicht gezuckert, einfach 5 EL Süßungsmittel (Agavensirup, Ahornsirup ...) hinzufügen.

SÜSSE MOMENTE

ERDBEEREN, BASILIKUM, SESAMÖL

So einfach und köstlich! Dieser außergewöhnliche Obstsalat macht glücklich!

FÜR 4 PERSONEN

Zubereitung: 10 Minuten
Jahreszeit: Frühling/Sommer

- 500 g Bio-Erdbeeren aus der Region
- 1 frisches Bund Basilikum (wahlweise auch Minze oder Koriander)
- 3 EL Sesamöl (oder Olivenöl)
- 1 Bio-Limette (Abrieb und Saft)

Die Erdbeeren waschen und die Blattrosette entfernen. Die Früchte in eine hübsche Schale füllen. Das Basilikum waschen und die Blätter fein schneiden.

Mit Sesamöl und dem Saft der Limette beträufeln, mit der geriebenen Limetten-Schale und dem Basilikum bestreuen. Gut gekühlt servieren!

SÜSSE MOMENTE

MIT THYMIAN GERÖSTETE FEIGEN UND VANILLE-MASCARPONE-SAHNE

___

Dieses Rezept bereite ich am liebsten mit Früchten der Saison zu: mit Aprikosen, Pfirsichen, Sommerbeeren. Die Feigen kann man in Backpapier eingewickelt auch auf dem offenen Grill rösten.

FÜR 4 PERSONEN

Vorbereitung: 10 Minuten
Röstzeit: 20 bis 30 Minuten
Jahreszeit: Frühling/Sommer

- 15 schöne, reife Feigen
- ein paar Stängel Thymian
- 1 Schuss Ahornsirup
- 300 g Mascarpone
- 30 g Puderzucker
- 1 Vanilleschote

Den Backofen auf 180 °C vorheizen. Die Rührschüssel für die Schlagsahne in den Tiefkühler oder einfach kühl stellen. Die Feigen waschen und halbieren. Auf einem mit Backpapier ausgelegten Backblech verteilen. Mit Thymian bestreuen und anschließend einen Schuss Ahornsirup darübergeben. Für 20 bis 30 Minuten im Ofen backen. Die Schüssel für den Schlagrahm aus dem Kühlschrank nehmen, Mascarpone, Puderzucker und das Vanillemark einfüllen. Mit dem Handmixer (oder dem Schneebesen) so steif wie möglich schlagen. Bis zum Servieren kühl stellen. Die Feigen aus dem Ofen holen, auf dekorative Teller verteilen und mit der Vanille-Sahne servieren.

OBST-TARTE MIT CRÈME D'ISIGNY

―――

Bei *La Guinguette* bin ich glücklicherweise von guten Feen umgeben, die mir die Rezepte und Küchentraditionen aus ihren Heimatregionen zutragen. Dieses Rezept kommt von einer Insel des Friedens, wo neben Pferden, Eseln und Katzen Gemüsegärten gedeihen und die guten Gerichte der Landküche.

FÜR 4 PERSONEN

Vorbereitung: 25 Minuten
Ruhezeit: 1 Stunde (optional)
Backzeit: 30 bis 40 Minuten
Jahreszeit: Frühling/Sommer

- 250 g Mehl (oder eine glutenfreie Mehlmischung)
- 40 g gemahlene Mandeln
- 100 g Vollrohrzucker
- 50 g Speisestärke nach Wahl
- 150 g zimmerwarme Butter
- 1 Ei

- 8 schöne rote Pflaumen (oder Äpfel, Birnen, Pfirsiche …)
- 150 g Obst-Kompott oder Konfitüre (gekauft oder hausgemacht, *Rezept: Seite 34*)
- 2 große Töpfe Crème fraîche d'Isigny (oder Sauerrahm mit 35 % Fett) (optional)

Die trockenen Zutaten in eine tiefe Schüssel geben. Mischen und anschließend die klein gewürfelte Butter gut einarbeiten, das geschlagene Ei hinzufügen und alles weiter zu einem glatten Teig verkneten. Den Teig auf die Arbeitsfläche legen, eine abgeflachte Kugel formen und (wenn möglich) 1 knappe Stunde in den Kühlschrank stellen.

Den Backofen auf 180 °C vorheizen. Die Früchte putzen und mit dem Messer oder dem Gemüsehobel in dünne Scheiben schneiden.

Den Teig auf einem Stück Backpapier zu einem Kreis von ungefähr 30 Zentimeter Durchmesser ausrollen.

Den Teig in eine gefettete oder mit Backpapier ausgelegte Form einpassen. Mit dem Obst-Kompott oder der Konfitüre bestreichen. Dabei unbedingt einen Rand für den Teigüberschlag frei lassen. Die Früchte in einem hübschen Muster darüberlegen. Den Teigrand über die Früchte einschlagen.

Für 30 bis 40 Minuten in den Ofen schieben, bis die Früchte und der Teig eine goldbraune Kruste bekommen haben.

Lauwarm (und wenn gewünscht) mit einer Portion Crème fraîche d'Isigny servieren.

ZITRONEN-TARTE

Ich erinnere mich an das Jahr 2010, als ich mit Kochen und Backen begann … Ich war ein so großer Fan der Zitronen-Tarte von Jacques Genin, dass ich alle Hebel in Bewegung setzte, bis ich sein Rezept ergattert hatte. Seither sind die Zitronen-Tartes aus meiner *Guinguette* von seiner Tarte inspiriert. Kürzlich, also 10 Jahre später, hatte ich Gelegenheit, Jacques Genin kennenzulernen, ihm zu danken und ihm diese Geschichte zu erzählen. Diese Tarte schmeckt so gut! Das Erfolgsrezept heißt … GEDULD!

FÜR 4 PERSONEN

Vorbereitung: 10 Minuten
Ruhezeit: 1 Stunde
Backzeit: 25 Minuten
Jahreszeit: Frühling/Sommer

- 300 g zimmerwarme Butter (150+150)
- 70 g Puderzucker
- 3 Eier (1+2)
- 50 g gemahlene Mandeln
- 200 g Mehl (oder eine glutenfreie Mehlmischung)
- 1 Prise Salz
- 100 g Vollrohrzucker
- 3 große Bio-Zitronen (Abrieb und Saft)
- 1 kleine Handvoll Kürbiskerne (optional)

150 Gramm Butter mit dem Puderzucker cremig schlagen. 1 verrührtes Ei und anschließend die fein gemahlenen Mandeln, das Mehl und die Prise Salz hinzufügen. Alles zusammen zu einem glatten Teig verarbeiten. Den Teig auf die Arbeitsfläche legen, eine abgeflachte Kugel formen, in Folie wickeln und eine knappe Stunde in den Kühlschrank stellen.

Den Backofen auf 180 °C vorheizen. In einem Kochtopf die restlichen 2 Eier mit dem Vollrohrzucker, dem Saft und dem Abrieb der Zitronen aufschlagen. Auf kleinem Feuer 10 Minuten unter ständigem Schlagen erhitzen. Dabei dickt die Mischung leicht ein. Vom Feuer nehmen, die restliche Butter in kleinen Stücken einrühren und die Masse erkalten lassen.

Den Mürbteig aus der Kühlung nehmen, ausrollen und in eine gefettete Backform einpassen. Den Boden mit einer Gabel einstechen. Für 25 Minuten im Ofen backen. Der Teig sollte dann eine goldbraune Färbung haben.

Den Boden aus dem Ofen nehmen und erkalten lassen. Anschließend mit der Zitronencreme anfüllen. Mit einigen Kürbiskernen bestreuen und genießen!

MUHALLEBI

FÜR 4 PORTIONEN

Vorbereitung: 5 Minuten
Kochzeit: 10 Minuten
Jahreszeit: rund ums Jahr

- 30 g Speisestärke
- 40 g Vollrohrzucker
- 500 g Reismilch (oder andere Milch)
- 2 EL Orangenblütenwasser
- 1 Handvoll Walnüsse

Das Stärkemehl und den Rohrzucker in einen kleinen Kochtopf geben. Einen winzigen Schuss Reismilch angießen, um eine Paste anrühren zu können. Anschließend die restliche Flüssigkeit einrühren.

Diese Mischung auf kleiner Flamme gut 10 Minuten unter ständigem Rühren aufkochen. Ist die Mischung gut eingedickt und es bilden sich Bläschen, vom Feuer nehmen.

Das Orangenblütenwasser unterrühren und die Creme auf kleine Schälchen verteilen. Kalt stellen. Vor dem Servieren mit gehackten Wahlnüssen bestreuen.

TIPPS
Das Orangenblütenwasser kann je nach Geschmack auch durch Vanille, Rosenwasser, Kardamom ... ersetzt werden.
Je nach der gewählten Milch kann dieses Rezept auch ohne Zucker zubereitet werden.

MENÜVORSCHLÄGE

FRÜHJAHR

1. TAG
Morgens: Powerfrühstück mit Kiwis *(S. 24)*
Mittags: Ganz schön grüner Salat *(S. 56)*
Abends: Hühnerbrust in Zitronen-Estragon-Creme *(S. 102)*

2. TAG
Morgens: Porridge aus Reisflocken, Reismilch mit Vanillearoma *(S. 16)*
Mittags: Cremiger Gurkensalat *(S. 54)*
Abends: Linsen-Bolognese *(S. 74)*

3. TAG
Morgens: Mimosa-Eier *(S. 26)*
Mittags: Frühlingsrollen *(S. 38)*
Abends: Muschelnudeln mit Ricotta und Spinat *(S. 96)*

SOMMER

1. TAG
Morgens: Zauberhafte kleine Crêpes *(S. 14)*
Mittags: Sommerliche Bruschetta *(S. 48)*
Abends: BBQ Beans *(S. 90)*

2. TAG
Morgens: Großes Glas Matcha Latte *(S. 22)* + Brot aus dem Topf *(S. 28)* und hausgemachte Konfitüre *(S. 34)*
Mittags: Falafeln *(S. 44)*
Abends: Glutenfreie Grüne Sommer-Pizza *(S. 92)*

3. TAG
Morgens: Smoothie *(S. 20)*
Mittags: Sommergemüse-Crumble *(S. 40)*
Abends: Gelber Sommersalat *(S. 82)*

MENÜVORSCHLÄGE

HERBST

1. TAG

Morgens: Leichter Rührkuchen *(S. 30)*

Mittags: Herbstliche Bruschetta *(S. 48)*

Abends: Vegetarisches Pilz-Stroganoff *(S. 72)*

2. TAG

Morgens: Omelett *(S. 26)*

Mittags: Tarte Tatin mit roten Zwiebeln *(S. 80)*

Abends: Maronen-Cremesuppe *(S. 100)*

3. TAG

Morgens: Joghurt mit Granola *(S. 18)*

Mittags: Linsensalat *(S. 112)*

Abends: Picis mit Salbeibutter *(S. 104)*

WINTER

1. TAG

Morgens: Brot aus dem Topf *(S. 28)*

Mittags: Schneller Chicoréesalat *(S. 52)*

Abends: Gemüseauflauf *(S. 84)*

2. TAG

Morgens: Pochierte Eier auf Spinat *(S. 26)*

Mittags: Cake mit getrockneten Tomaten und Pinienkernen *(S. 42)*

Abends: Geröstete Süßkartoffel, cremige Sauce und frische Kräuter *(S. 66)*

3. TAG

Morgens: Porridge mit Rote-Bete-Saft *(S. 16)*

Mittags: Mini-Chirashi mit Hühnchen *(S. 46)*

Abends: Quiche mit Spinat, Kürbis und Parmesan *(S. 78)*

REZEPT-VERZEICHNIS

MORGENS

Zauberhafte kleine Crêpes 14

Porridges 16

Granola – Das unentbehrliche
Knuspermüsli 18

Der Smoothie nach den Sommerferien 20

Matcha-Latte 22

Powerfrühstück mit Kiwis 24

3 Arten, Eier zuzubereiten 26

Brot aus dem Topf 28

Kefir-Sauerteig 29

Leichter Rührkuchen mit Natursauerteig ... 30

Schnelle Vegane Getränke 32

Konfitüren und Kompott 34

MITTAGS

Frühlingsrollen 38

Sommergemüse-Crumble 40

Cake mit getrockneten Tomaten und
Pinienkernen 42

Falafeln 44

Mini-Chirashi mit Hühnchen 46

Schnelle Brühe mit Garnelen 47

Bruschetta 48

Lunch im Glas für die Mittagspause 50

Schneller Chicoréesalat 52

Cremiger Gurkensalat 54

Ganz schön grüner Salat 56

Pickles 58

Salat- und Grillsaucen 60

ABENDS

Geröstete Süßkartoffeln, cremige Sauce und
frische Kräuter 66

Blumenkohlcreme mit gerösteten Datteln und
Mandeln 68

Pommes-Party 70

Vegetarisches Pilz-Stroganoff 72

Linsen-Bolognese 74

Vietnamesische Phô-Suppe 76

Quiche mit Spinat, geröstetem Kürbis und
Parmesan 78

Tarte Tatin mit roten Zwiebeln 80

Gelber Sommersalat 82

Gemüseauflauf 84

Frische Erbsensuppe mit Basilikum 86

BBQ Beans 88

Glutenfreie Grüne Pizza 92

Herbstpizza 94

Muschelnudeln mit Ricotta und Spinat 96

Gerösteter Blumenkohl mit Joghurt 98

Maronen-Cremesuppe mit Miso-Paste 100

Hühnerbrust in Zitronen-Estragon-Creme .102

Picis mit Salbeibutter 104

Pasta, gegrillter Feta, Kirschtomaten 106

Pasta all'Arrabbiata 108

Einmachen und Einkochen von Gemüse .. 110

Linsensalat 112

ESSEN MIT FREUNDEN

Hummus *116*

Ofen-gebackener Feta mit Honig *118*

Labneh *120*

Geröstete Auberginen/Auberginenkaviar ... *122*

Römersalat-Herzen, Parmesan-Creme und Mandeln *124*

Parmesan-Birnen *126*

Gebackener Halloumi *128*

Spargel und das Gelbe vom Ei *130*

Bimbimbap *132*

Ein ganzer Fisch aus dem Ofen *134*

Risotto (2 Rezepte) *136*

Veganes Risotto mit Mandelcreme und Miso *138*

Gratin Dauphinois *140*

Doraden-Carpaccio mit Zitrusfrüchten ... *142*

Glasiertes Huhn *144*

Grünes Curry aus Gemüse der Saison ... *146*

Gewürzmischungen zum Selbermachen ... *148*

Ofen-Gemüse *150*

SÜSSE MOMENTE

Klebreis gedämpft mit Kokos und frischer Mango *154*

Île flottante, laktosefrei *156*

Kekse – einfach und schnell *158*

Pochierte Birnen *160*

Schnelle Schoko-Mousse *162*

Crumble für Genießer *164*

Schoko-Fondant mit Roten Beten *166*

Zitrus-Polenta-Kuchen *168*

Schoko-Maronen-Kuchen *170*

Erdbeeren, Basilikum, Sesamöl *172*

Mit Thymian geröstete Feigen und Vanille-Mascarpone-Sahne *174*

Obst-Tarte mit Crème d'Isigny *176*

Zitronen-Tarte *178*

Muhallebi *180*

INDEX

A

Ahornsirup
Granola 18
Schnelle Vegane Getränke 32
Frühlingsrollen 38
Mini-Chirashi mit Hühnchen 46
Lunch im Glas für die Mittagspause 50
Gebackener Halloumi 128
Glasiertes Huhn 144
Ofen-Gemüse 150
Île flottante, laktosefrei 156

Apfel
Konfitüren und Kompott 34
Crumble für Genießer 164

Aubergine
Sommergemüse-Crumble 40
Geröstete Auberginen/Auberginenkaviar 122

B

Banane
Zauberhafte kleine Crêpes 14
Powerfrühstück mit Kiwis 24
Konfitüren und Kompott 34

Birnen
Der Smoothie nach den Sommerferien 20
Parmesan-Birnen 126
Pochierte Birnen 160

Blumenkohl
Blumenkohlcremesuppe mit Datteln und Mandeln 68
Gerösteter Blumenkohl mit Joghurt 98

Bohnen, grüne
Ganz schön grüner Salat 56

Bohnen, Rote
BBQ-Bohnen 90

Brokkoli
Gemüseauflauf 84
Grünes Curry aus Gemüse der Saison 146

C

Chicorée
Schneller Chicoréesalat 53

D

Datteln
Schnelle vegane Getränke 32
Blumenkohlcremesuppe mit Datteln und Mandeln 68

Dorade
Ein ganzer Fisch aus dem Ofen 134
Doraden-Carpaccio mit Zitrusfrüchten 142

E

Ei
Zauberhafte kleine Crêpes 14
3 Arten, Eier zuzubereiten 26
Leichter Rührkuchen mit Natursauerteig 30
Cake mit getrockneten Tomaten 42
Quiche mit Spinat, Kürbis und Parmesan 78
Spargel und das Gelbe vom Ei 130
Île flottante, laktosefrei 156
Kekse, einfach und schnell 158
Schnelle Schoko-Mousse 162
Schoko-Fondant mit Roten Beten 166
Zitrus-Polenta-Kuchen 168
Schoko-Maronen-Kuchen 170
Zitronen-Tarte 178

Erbsen
Ganz schön grüner Salat 56
Frische Erbsensuppe mit Basilikum 86

Erdbeeren
Konfitüren und Kompott 34
Crumble für Genießer 164
Erdbeeren, Basilikum, Sesamöl 172

Erdnussbutter
Frühlingsrollen 38

F

Feigen
Der Smoothie nach den Sommerferien 20
Mit Thymian geröstete Feigen und Vanille-Sahne 174

Feta
Cake mit getrockneten Tomaten 42
Lunch im Glas für die Mittagspause 50
Pasta, grillter Feta, Kirschtomaten 106
Ofen-gebackener Feta mit Honig 118

G

Garnelen
Schnelle Brühe mit Garnelen 47
Grünes Curry aus Gemüse der Saison 146

Gurke
Frühlingsrollen 38
Cremiger Gurkensalat 54

H

Haferflocken
Porridge 16
Granola, das unentbehrliche Knuspermüsli 18

Halloumi
Gebackener Halloumi 128

Huhn
Grünes Curry aus Gemüse der Saison 146
Mini-Chirashi mit Hühnchen 46
Hühnerbrust in Zitronen-Estragon-Creme 102
Glasiertes Huhn 144

J

Joghurt
Geröstete Süßkartoffel, cremige Sauce und Kräuter 66
Pommes-Party 70
Gerösteter Blumenkohl mit Joghurt 98
Labneh 120
Römersalat-Herzen, Parmesan-Creme 124

K

Karotten
Konfitüren und Kompott 34
Frühlingsrollen 38
Pickles 58
Linsenbolognese 74
Vietnamesische Phô-Suppe 76
Gemüseauflauf 84
Bimimbap 132
Ofen-Gemüse 150

Kartoffeln
Pommes-Party 70
Gemüseauflauf 84
Gratin Dauphinois 140
Grünes Curry aus Gemüse der Saison 146

Kichererbsen
Falafeln 44
Hummus 116

Kiwi
Powerfrühstück mit Kiwis 24

Kokosmilch
Grünes Curry aus Gemüse der Saison 146
Klebreis gedämpft mit Kokos und frischer Mango 154

Kürbis
Konfitüren und Kompott 34
Bruschetta 48
Quiche mit Spinat, Kürbis und Parmesan 78
Herbstpizza 94
Risotto (2 Rezepte) 136

L

Lauch
Vietnamesische Phô-Suppe 76

Linsen, grüne
Linsenbolognese 74
Linsensalat 112

INDEX

M

Mandeln
Schnelle vegane Getränke *32*
Blumenkohlcremesuppe mit gerösteten Datteln und Mandeln *68*
Kekse, einfach und schnell *158*
Zitrus-Polenta-Kuchen *168*
Obst-Tarte mit Crème d'Isigny *176*
Zitronen-Tarte *178*

Mango
Klebreis gedämpft mit Kokos und frischer Mango *154*

Maronen
Maronen-Cremesuppe mit Miso-Paste *100*
Schoko-Maronen-Kuchen *170*

Mascarpone
Mit Thymian geröstete Feigen und Vanille-Mascarpone-Sahne *174*

Matchatee
Matcha latte *22*
Ganz schön grüner Salat *56*

Misopaste
Maronencremesuppe mit Miso *100*
Veganes Risotto mit Mandelcreme und Miso *138*

O

Orangen
Konfitüren und Kompott *34*
Schneller Chicoréesalat *52*
Salat- und Grillsaucen *60*
Doraden-Carpaccio mit Zitrusfrüchten *142*
Glasiertes Huhn *144*
Zitrus-Polenta-Kuchen *168*

P

Parmesan
Sommergemüse-Crumble *40*
Quiche mit Spinat, Kürbis und Parmesan *78*
Tarte Tatin mit roten Zwiebeln *80*
Glutenfreie grüne Pizza *92*
Piccis mit Salbeibutter *104*
Parmesan-Birnen *126*
Spargel und das Gelbe vom Ei *130*
Risotto (2 Rezepte) *136*

Pasta
Muschelnudeln mit Ricotta und Spinat *96*
Pasta, gegrillter Feta, Kirschtomaten *106*
Pasta all'Arrabiata *108*

Pfirsich
Konfitüre und Kompott *34*

Pflaumen
Obst-Tarte mit Creme d'Isigny *176*

Pilze
Vegetarisches Pilz-Stroganoff *72*
Vietnamesische Phô-Suppe *76*
Bimbimbap *132*
Risotto (2 Rezepte) *136*

Polenta
Zitrus-Polenta-Kuchen *168*

R

Reis
Schnelle Vegane Getränke *32*
Mini-Chirashi mit Hühnchen *46*
Lunch im Glas für die Mittagspause *50*
Ganz schön grüner Salat *56*
Vegetarisches Pilz-Stroganoff *72*
Bimbimbap *132*
Risotto (2 Rezepte) *136*
Veganes Risotto mit Mandelcreme und Miso *138*
Klebreis gedämpft mit Kokos und frischer Mango *154*

Ricotta
Muschelnudeln mit Ricotta und Spinat *96*

Rote Bete
Schoko-Fondant mit Roten Beten *166*

Rotkohl
Pickles *58*
Lunch im Glas für die Mittagspause *50*

S

Salat
Frühlingsrollen *38*
Römersalat-Herzen, Parmesan-Creme und Mandeln *124*

Schokolade
Kekse, schnell und einfach *158*
Schnelle Schoko-Mousse *162*
Schoko-Fondant mit Roten Beten *166*
Schoko-Maronen-Kuchen *170*

Spargel
Spargel und das Gelbe vom Ei *130*

Speiserübe
Vietnamesische Phô-Suppe *76*

Spinat
3 Arten, Eier zuzubereiten *26*
Lunch im Glas für die Mittagspause *50*
Ganz schön grüner Salat *56*
Muschelnudeln mit Ricotta und Spinat *96*
Quiche mit Spinat, Kürbis und Parmesan *78*
Bimbimbap *132*

Süßkartoffel
Frühlingsrollen *38*
Lunch im Glas für die Mittagspause *50*
Geröstete Süßkartoffel, cremige Sauce und Kräuter *66*
Pommes-Party *70*
Vietnamesische Phô-Suppe *76*

T

Tahini
Falafeln *44*
Cremiger Gurkensalat *54*

Tofu
Salat- und Grillsaucen *60*
Vietnamesische Phô-Suppe *76*

Tomaten
Sommergemüse-Crumble *40*
Cake mit getrockneten Tomaten und Pinienkernen *42*
Bruschetta *48*
Pickles *56*
Salat- und Grillsaucen *60*
Linsenbolognese *74*
Gelber Sommersalat *82*
Gemüseauflauf *84*
BBQ Beans *90*
Pasta, gegrillter Feta, Kirschtomaten *106*
Pasta all'Arrabiata *108*
Einmachen und Einkochen von Gemüse *110*

Z

Ziegenkäse
Bruschetta *48*
Glutenfreie grüne Pizza *92*

Zitrone
Obst-Konfitüre *34*
Vegane Mayonnaise *61*
Vegetarisches Pilz-Stroganoff *72*
Gerösteter Blumenkohl *98*
Hühnerbrust mit Zitronen-Estragon-Creme *102*
Hummus *116*
Gebackener Halloumi *128*
Bimbimbap *132*
Ein ganzer Fisch aus dem Ofen *134*
Zitronen-Tarte *178*

Zucchini
Der Smoothie nach den Sommerferien *20*
Sommergemüse-Crumble *40*
Glutenfreie grüne Pizza *92*

Zwiebeln, rote
Tarte Tatin mit roten Zwiebeln *80*
BBQ-Bohnen *90*
Gemüse haltbar machen *110*
Ofen-Gemüse *150*

DANKSAGUNG

Ich möchte besonders meiner lieben Margot Jumeline danken, die mich während der Arbeit an diesem Buch immer mit Freude, Humor und einer professionellen Arbeitseinstellung unterstützt hat. Ihr Sinn fürs Detail, ihr Geschmack und ihre Kreativität sind eine unentbehrliche Hilfe für mich bei meiner Arbeit. Ich habe großes Glück, dass ich solche Feen an meiner Seite habe …

Danke auch an meine tolle Émilie Guelpa (@griottes). Wir altern seit Jahren gelassen nebeneinander her und haben großen Spaß dabei! Unsere Zusammenarbeit ist immer noch so erfrischend wie beim ersten Buch, dann kam das Buch über die Detox-Getränke, dann das mit meinen Töchtern und nun dieses hier über die Küche für jeden Tag. Mit Émilie ist alles so einfach!

Danke an Audrey und Christine, meine lieben Lektorinnen, die an meiner Seite viel Geduld beweisen, immer noch und immer wieder … und große Beständigkeit.

Danke an Fanny Corre, die uns zusammen mit Margot geholfen hat, die Rezepte für das Buch in Rekordzeit umzusetzen, damit das Foto-Shooting optimal ablief.

Danke an Juliette Hislaire und Émilie Collet, die meine üblen Rechtschreibfehler korrigiert haben.

Danke an Élisabeth, die wie ein guter Stern über mich wacht und mich bei der Arbeit an meinen Büchern inspiriert. Danke für die Idee zu diesem Buch, das ohne dich nicht zustande gekommen wäre.

Alle Rechte vorbehalten
© der deutschen Ausgabe 2023 Jan Thorbecke Verlag
Verlagsgruppe Patmos in der Schwabenverlag AG, Ostfildern
www.thorbecke.de
© der französischen Originalausgabe unter dem Titel
Bon, Simple et Sain: Hachette-Livre (Marabout), Vanves, 2021

Übersetzung: Christine Frauendorf-Mössel
Umschlaggestaltung: Finken & Bumiller, Stuttgart
Umschlagabbildung, Fotografie und Gestaltung: Émilie Guelpa
Satz: Schwabenverlag AG, Ostfildern
Druck: Gráficas Estella, Spanien
Hergestellt in Spanien
ISBN 978-3-7995-1977-9